Christoph Bausenwein & Bernd Siegler

Fußball in Franken 2

Geschichten eines Fußballjahrhunderts

Schrenk-Verlag

Reihe *Buchfranken* – Bücher über und aus Franken
Herausgegeben von Prof. Dr. Hermann Glaser † und Dr. Johann Schrenk

Bd. 12 Bernd Siegler/Chr. Bausenwein, Franken Fußball II

Bd. 1 Godehard Schramm, Drei ganz Besondere
Bd. 2 Günter Höhne (Hg.), Des Flusses und der Liebe Wellen
Bd. 3 Siegfried Kett, Erhellung und Beschleunigung
Bd. 4 Winston Kelley, Amerikanische Dichter & Denker in Franken
Bd. 5 Hermann Glaser, Zwischen Furchenglück und Sphärenflug
Bd. 6 Hermann Glaser (Hg.), Lukullus in Franken
Bd. 7 Otto Glaser u.a., Gedichte von Vergessenen
Bd. 8 Rainer Hambrecht u.a., Das braune Franken
Bd. 9 Franz Sonnenberger, Der Brückenbauer
Bd. 10 Hermann Glaser, Irgendwie traurig, vielleicht auch heiter
Bd. 11 Bernd Siegler/Chr. Bausenwein, Franken Fußball I
Bd. 12 Bernd Siegler/Chr. Bausenwein, Franken Fußball II
Bd. 13 Jürgen Walter, Ich kann nicht mehr zurück ...
Bd. 14 Manfred Schreiner, Mit schüchternem Stolz ...
Bd. 15 Michaela Domes (Hg.), Die ganze Welt ist Bühne ...
Bd. 16 Dieter Gärtner, Der Medicus von Bamberg
Bd. 17 Günther Kraus, Alles hat seine Zeit
Bd. 18 Hermann Glaser, Geburtstag bei Mörderinnen
Bd. 19 Fridhelm Klein, 1000 Tageszeichnungen
Bd. 20 Jürgen Franzke u.a., Marx meets Wilson

Sonderband 01 In Franken wieder Heimat finden
Sonderband 02 Horst Schäfer: Lichtbild(n)er

Impressum

Alramweg 3, 91187 Röttenbach, schrenk@buchfranken.de / www.buchfranken.de; Satz und Layout: Schrenk-Verlag
Redaktion & Lektorat: Hermann Glaser und Johann Schrenk
Korrekturen: Erich W. Spieß, Nürnberg, und Roswitha Brunner, Würzburg
Cover: Gestaltung Schrenk-Verlag
Druck: BoD Books on Demand, Norderstedt

Ausgabe 3-2019
ISBN 978-3-924270-92-6

Christoph Bausenwein & Bernd Siegler

Fußball in Franken 2

Geschichten eines Fußballjahrhunderts

Buchfranken
Bücher über und aus Franken
im Schrenk-Verlag

INHALT

Liebe Leser und Leserinnen,

Wenn Sie noch Anregungen oder Ergänzungen einbringen möchten,
dann schreiben Sie uns bitte an: schrenk@buchfranken.de
Aktuelle Informationen zum Buch finden Sie unter www.buchfranken.de

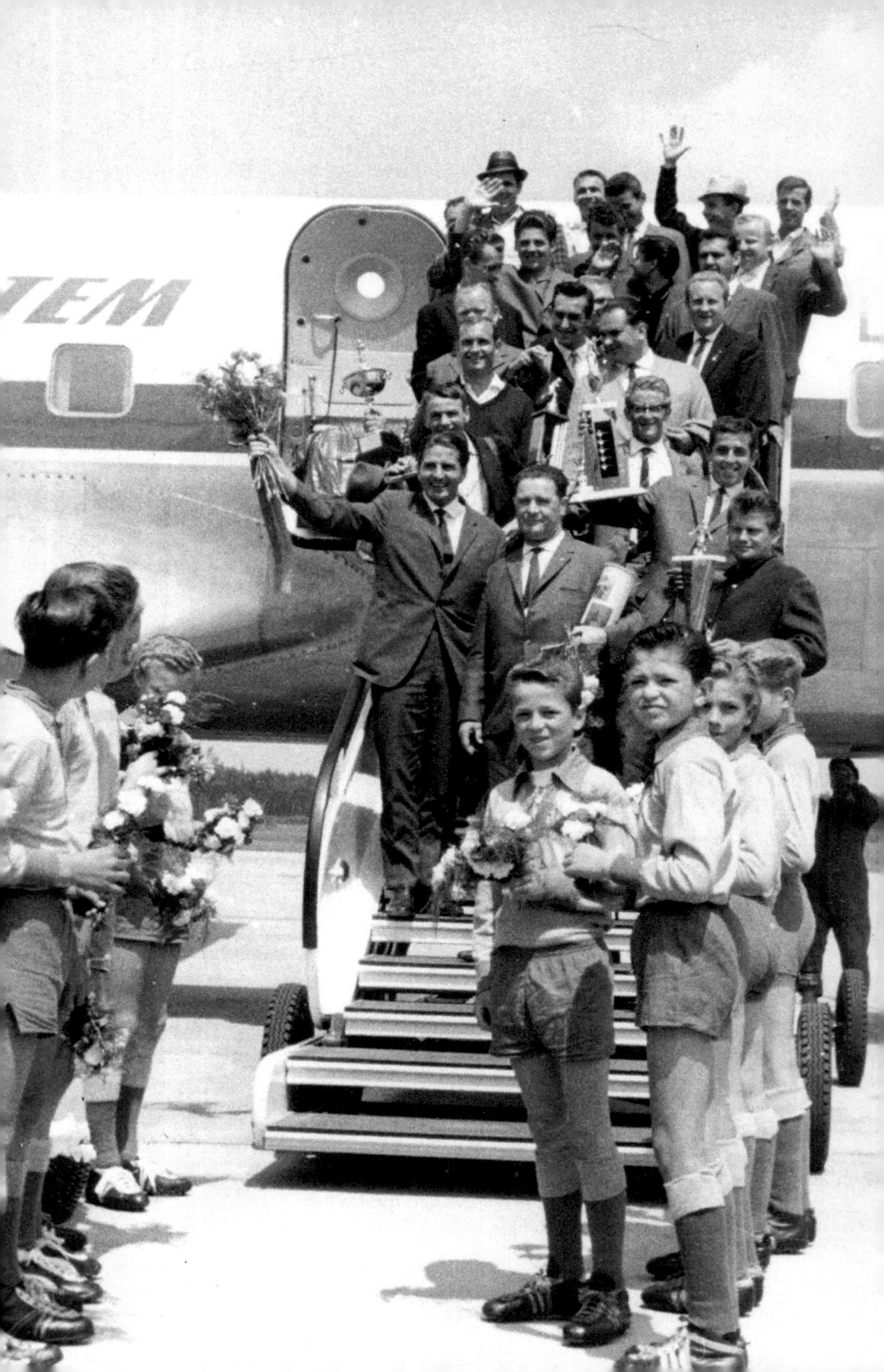

1888 – 1918
WIE DER BALL INS SPIEL KAM

Gründungsdaten fränkischer Fußballvereine

1893 SpVgg Hof
1900 1. FC Nürnberg
1901 1. FC Bamberg, Viktoria Aschaffenburg
1903 SpVgg Fürth
1904 FV Würzburg 04, SC 04 Schwabach, SpVgg Erlangen, Jahn Forchheim
1905 1. FC Schweinfurt 05, FC Pfeil Nürnberg
1906 1. FC Lichtenfels
1907 FC Kickers Würzburg, VfB Coburg, VfL Neustadt
1908 1. FC Kronach
1909 SpVgg Ansbach
1910 FC Bayern Hof, 1. FC Bayreuth, FC Münchberg, ASV Gaustadt
1911 ATS Kulmbach
1916 1. FC Herzogenaurach
1917 1. FC Haßfurt
1921 SpVgg Bayreuth, VfB Helmbrechts

1901, Bamberg
„Ein eigenartig interessantes Schauspiel"

Am 29. September 1901 herrscht in Bamberg große Aufregung. Der eben erst gegründete 1. FC hat den 1. FC aus Nürnberg zu einem Wettspiel herausgefordert und das Ereignis in der Zeitung groß angekündigt. Tatsächlich finden sich am Spielplatz auf der Schützenwiese einige hundert Zuschauer ein, um bei bestem Wetter an diesem außergewöhnlichen gesellschaftlichen Ereignis teilzuhaben.

Die Nürnberger, von denen viele mit dem Drahtesel angereist sind, geben auf dem ehemaligen Krautacker bereits erste Demonstrationen ihres Könnens, als das herausgeputzte Bamberger Team auf Kutschen demonstrativ einzieht. Alle tragen ein fesches Sportkostüm - hellblaue Hemden, weiße Hosen und englische Sportmützen - und alle haben funkelnagelneue Fußballschuhe. Manch einem der Nürnberger rutscht da das Herz in die Hose. Im Vergleich zu ihren Gegnern sehen sie wie arme Schlucker aus. Lediglich Christoph Heinz, der Vorstand und Kapitän, besitzt in ihren Reihen richtige Kickerstiefel.

Um 15 Uhr geht es los. Alle Beteiligten werfen sich mit Verve in die Schlacht. Bis auf die Torhüter rennen alle Spieler gleichzeitig dem Ball hinterher. Hat sich ein Haufen gebildet, so hauen alle wie wild drauflos. Jedes Mal, wenn es einem Spieler gelingt, den Ball hoch und weit herauszuschlagen, gibt es unter

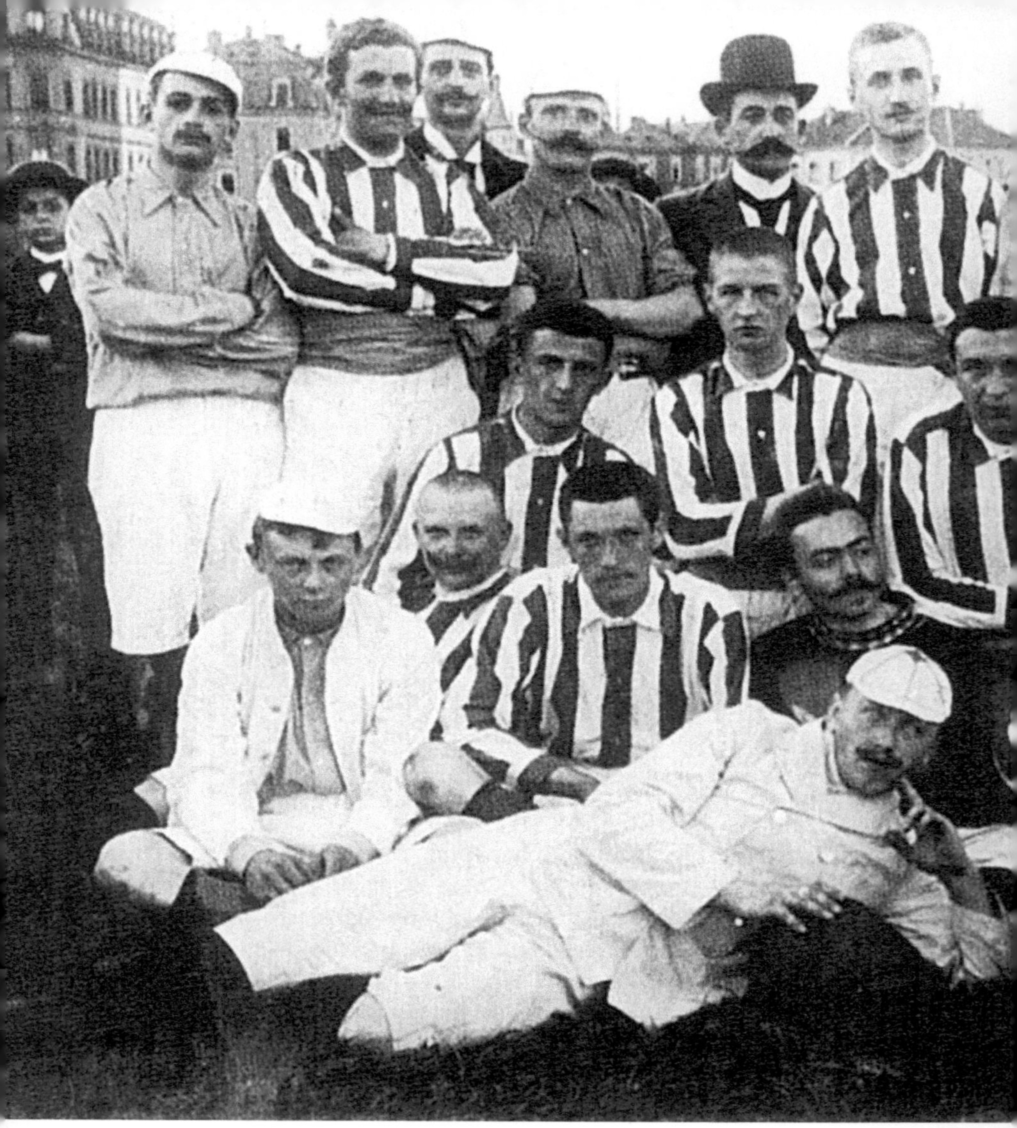

Die Mannschaften des 1. FC Nürnberg (gestreifte Trikots) und des 1. FC Bamberg beim ersten Wettspiel am 29. September 1901

den Zuschauern ein großes Raunen. Brausender Beifall kommt auf, als einem Zuschauer nach einem unkontrollierten Schussversuch der Hut vom Kopf fliegt.

Beim Fußball-Weitstoßen zeichnet sich insbesondere Carl Weisschnur aus, der großgewachsene Kapitän der Bamberger. „Seine Bälle gehen so hoch, dass man lange warten muss, bis sie wieder zur Erde kommen", bemerkt ein Nürnberger voller Bewunderung. In kämpferischer Hinsicht allerdings behalten

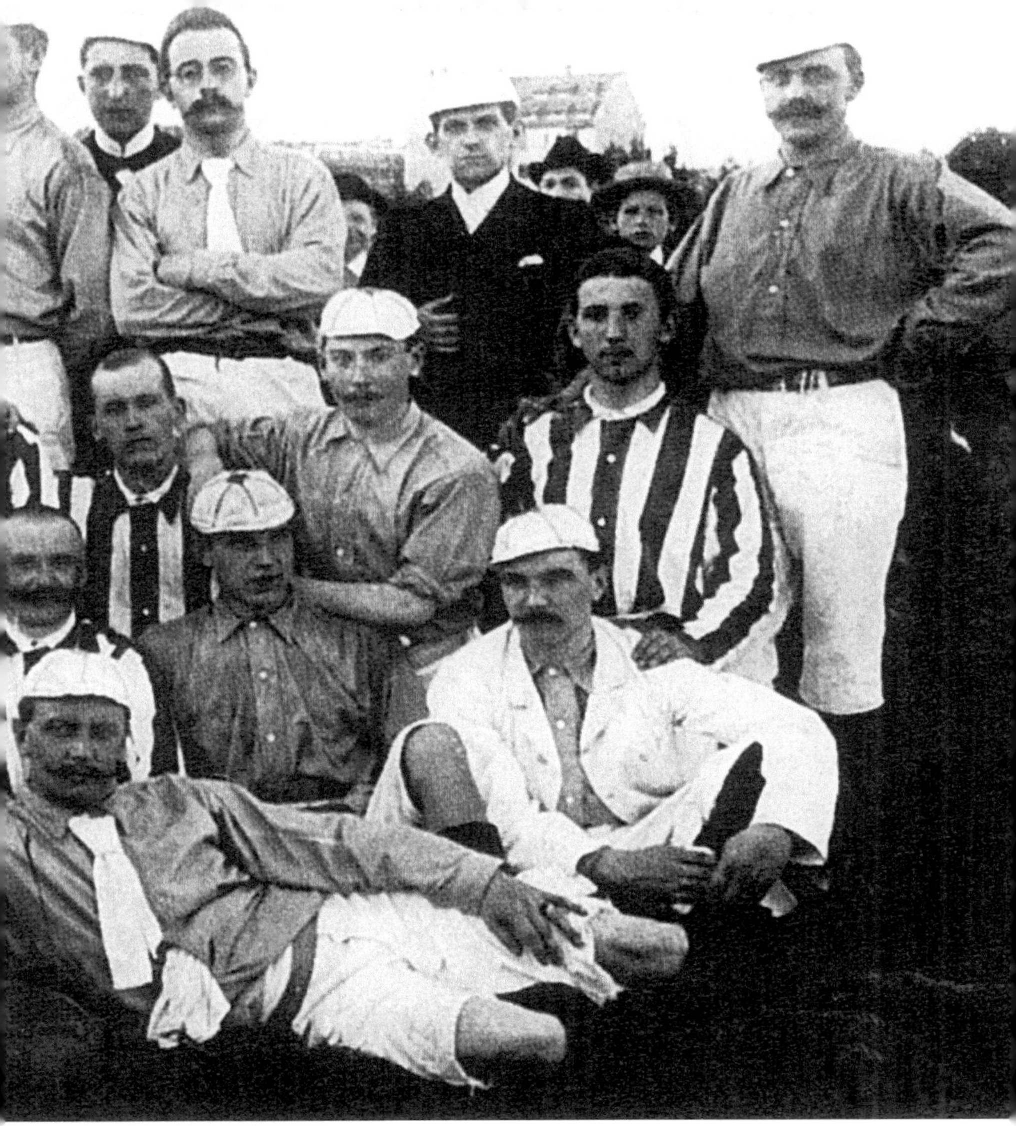

die Spieler des 1. FCN die Oberhand. Als die chaotische Stoßerei und Hackerei abgepfiffen wird, haben sie mit 2:0 gewonnen.

Bevor alle wieder nach Hause fahren, gibt es noch einen fröhlichen und freundschaftlichen Umtrunk. Die Nürnberger freuen sich über ihren Sieg, aber auch die Bamberger sind über die Niederlage nicht sonderlich betrübt. Sie sind stolz darauf, tapfer gekämpft zu haben und wissen, dass das Spiel eine tolle Werbung für den neuen Sport war. Am nächsten Tag ist in der Bamberger Zeitung ein längerer Bericht zu lesen über ein „eigenartig interessantes Schauspiel", das „den Freunden körperlichen Sports" geboten worden sei.

1903, Nürnberg **„Vorwärts“ oder „Schneidig“ !?**

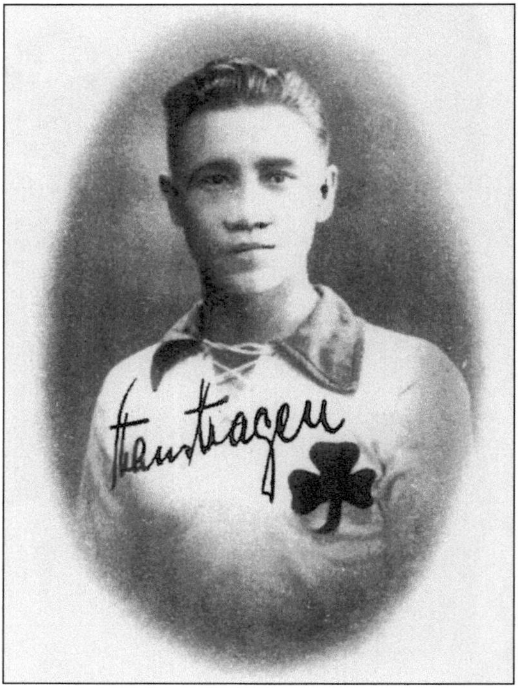

Der elfjährige Hans Hagen, später zwölffacher Nationalspieler der SpVgg Fürth, gehört im Jahre 1905 zu seinen Gründungsmitgliedern.

Im Jahr 1903 gründen einige Nürnberger Jungen aus Schoppershof und Wöhrd einen Verein, den sie auf den Namen „Vorwärts“ taufen. Was sie nicht wissen: Ein Verein mit dem Namen „FC Vorwärts“ ist bereits ein Jahr zuvor in Schweinau gegründet worden. Als die Geschehnisse in Schoppershof den Schweinauern zu Ohren kommen, stellen sie sofort ein Ultimatum: „Die ‚Vorwärts‘ sind wir, wenn ihr auch so heissen wollt, müsst ihr mit uns um den Namen spielen!“

In Schweinau steigt das Vorspiel. Vor Beginn erläutert der Schiedsrichter die den meisten Beteiligten noch unbekannten Fußballregeln: „Wenn einer im Strafraum Hand macht, dann gibt es einen Elfmeter.“ Dreimal geschieht es, dass ein Schoppershofer im Strafraum den Ball mit der Hand auffängt. Am Ende heißt es 7:1 für die „Vorwärts“ aus Schweinau.

Beim Rückspiel auf der Stöckertswiese im Norden Nürnbergs wollen es die Schoppershofer besser machen. Sie borgen sich von der bereits etablierten „Concordia“ die halbe Mannschaft aus und gewinnen damit glatt. Darüber sind die Schweinauer so verschnupft, dass sie auf den Namen „Vorwärts“ freiwillig verzichten. Aber auch die Schoppershofer haben inzwischen kein Interesse mehr an dem Namen. Sie verfallen auf die Idee, dass „Schneidig“ ein noch besser klingender Name sei, und nennen sich so, ohne zu ahnen, dass ein Verein gleichen Namens bereits auf der Deutschherrnwiese existiert. Schon droht eine Auseinandersetzung wegen des Namens der beiden „Schneidig“, da beschließen beide, sich der „Concordia“ anzuschließen.

Diese „Concorden" mausern sich in den folgenden Jahren zu einem angesehenen Nürnberger Verein, da bei ihnen das Wort „Geselligkeit" besonders großgeschrieben wird. Ihr Vereinslokal ist der Gasthof „Schoppershof" gegenüber dem heutigen Bismarckschulhaus, ein altes ländliches Idyll, in dessen Garten eine große Linde steht. Bald gibt es kaum einen Nürnberger Fußballer mehr, der nicht wenigstens einmal bei den Concorden eingekehrt ist und sich im verräucherten alten Bauernlokal bei fröhlichen Fußball-Gesängen einen gesunden Rausch angetrunken hat.

Der FC Concordia steigt 1911 in die Ostkreisliga auf und wird damit „erstklassig". Nach einer Saison mit Spielen gegen die Topp-Vereine 1. FCN, SpVgg Fürth und Bayern München landet er mit 25:61 Toren und 5:35 Punkten am Tabellenende. 1913 gehen die Concorden im VfB Nürnberg auf, der Fußballabteilung des TV 1846 Nürnberg.

(Nach einer Schilderung des Augenzeugen Fritz Nadler aus dem Jahr 1950.)

1913, Nürnberg
Die Kunst des „Häppens"

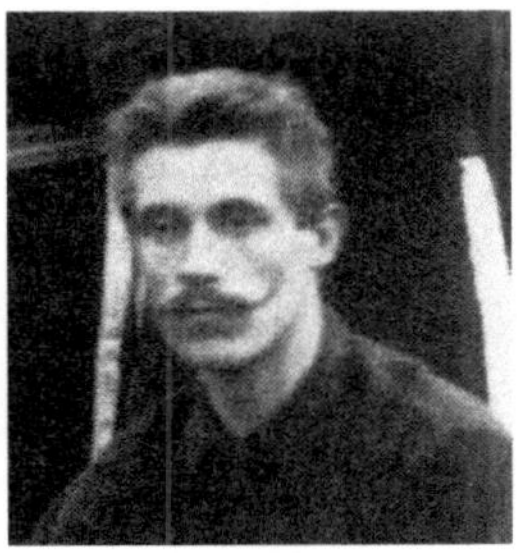

Fritz Servas, erster Spielertrainer des 1. FCN und ‚Erfinder' des „Häppens".

Wer im Jahr 1913 ein Spiel der Kindermannschaft des TV 1846 Nürnberg besucht, wird von seltsamen Lauten überrascht. Überall auf dem Platz hallt es: „häpp" – „häpp" – „häpp". Kundige Zuschauer können erläutern, dass dieses „häpp" das übliche Kommando eines freistehenden Spielers ist, der den Ball zugespielt haben will. Gute Kurzpassspieler nennt man folgerichtig „Häpperer" bzw., in der fränkisch-weichen Form, „Habberer". Und vielleicht deutet einer auf einen zehnjährigen Knaben und sagt: „Der da wird mal ein richtiger Habberer."

Wie Olga Eckhardt in ihrer Erlanger Dissertation „Die Sportsprache von Nürnberg und Fürth" aus dem Jahr 1937 herausgefunden hat, ist der Ursprung des Zeitworts „häppen" bei Fritz Servas zu suchen. Der Berliner, der zunächst der Mannschaft des 1. FCN und dann den Anfängern von der SpVgg Fürth das kleine Einmaleins des Fußballspielens beibrachte, hatte die Gewohnheit, immer ‚häpp' zu rufen, wenn er den Ball schnell zugespielt haben wollte.

„Es dauerte nicht lange", so Olga Eckhardt, „da hatte sich die ganze Mannschaft das ‚häpp' angewöhnt und zwar mit bewusst übertriebenem e-laut gegenüber dem ‚hopp'. Anfangs hatte man es nämlich nur gerufen, um den Berliner Spieler zu foppen, aber wie es in solchen Fällen meist geht, gewöhnt

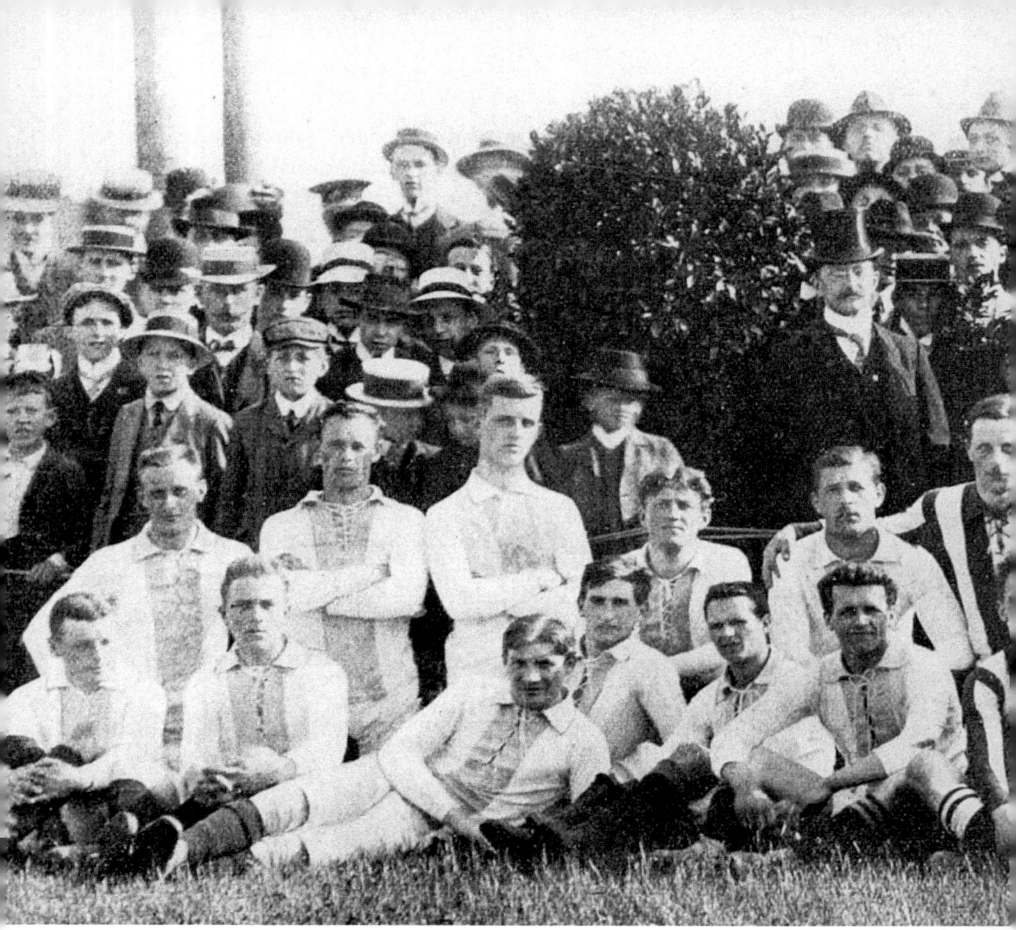

Prinz Alfons von Bayern (Bildmitte) war ein bekannter Förderer des Fußballspiels. Hier im Jahre 1911 bei einem Spiel der Auswahlmannschaften „Südkreis“ und „Ostkreis“. Zur Mannschaft des Ostkreises gehörten der Fürther Karl Burger (vorne, 3. v. l.) und der Nürnberger Ludwig Philipp (vorne, 6. v. l.), die damals als die beiden besten bayerischen Spieler galten.

man es sich selber an. So hatte sich das ‚häpp‘ so eingenistet, dass von nun an alle Spieler ‚häpp‘ statt ‚hopp‘ sagten. Was lag aber näher, als dass bald einer von der Mannschaft auf die Idee kam, die Tätigkeit, die durch dieses ‚häpp‘ ausgelöst wird, mit ‚häppen‘ zu bezeichnen.“

Das Zeitwort „häppen“ bleibt als Ausdruck für „schnell und sicher den Ball zuspielen“ auch noch während der 20er Jahre allgemein gebräuchlich. Als „Habberer“ in die Fußballgeschichte eingegangen ist Ludwig Leinberger, der spätere Meisterspieler der SpVgg Fürth, der das „Häppen“ beim TV 1846 Nürnberg erlernt hat.

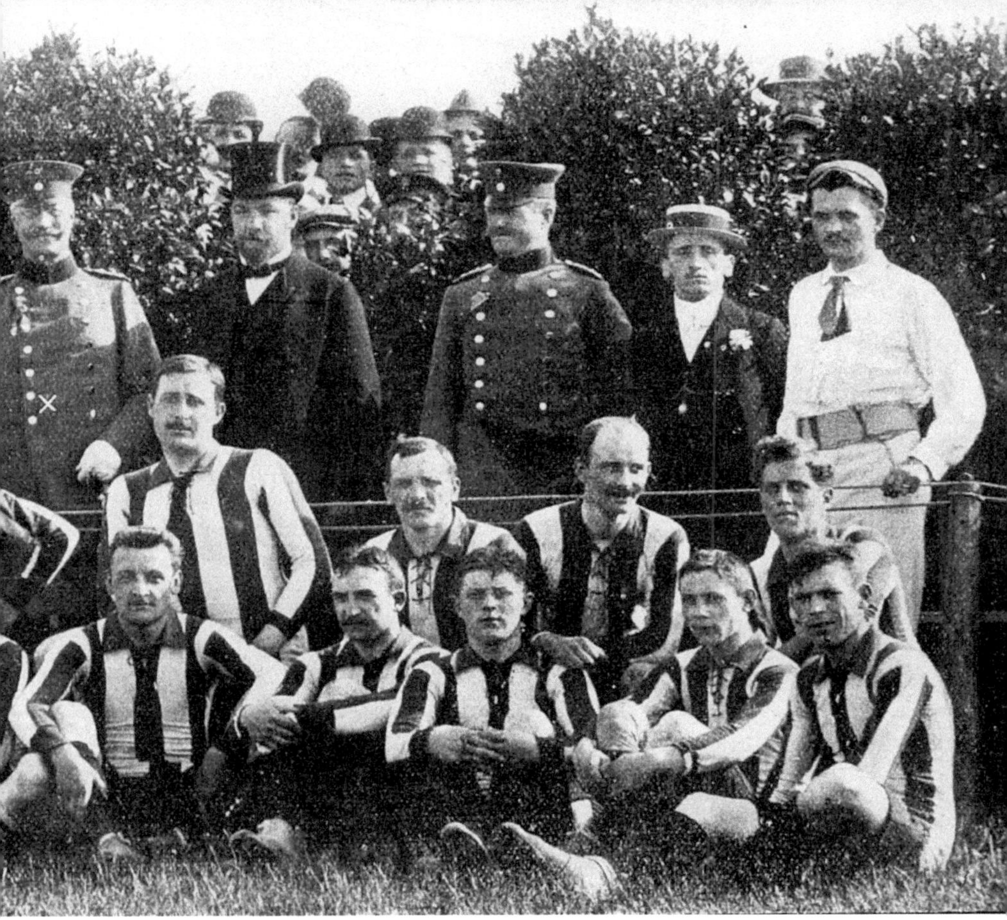

Ab 1909, Deutschland
Die Prinzen und der Fußball

Für die Entwicklung des Fußballs in Deutschland ist das Interesse der Führungselite ein wichtiger Impuls. Kaiser Wilhelm II. ist zwar ein Gegner des Fußballspiels, aber seine Söhne begeistern sich schnell für den neuen Sport. Prinz Friedrich Karl von Preußen sitzt nicht nur bei großen Spielen als hoher Gast in der Ehrenloge – so zum Beispiel beim Endspiel 1914 in Magdeburg -, sondern er ist auch selbst aktiver Fußballer beim SC Charlottenburg Berlin. Kronprinz Wilhelm, der 1905 erstmals öffentlich einem Fußballspiel beiwohnt, stiftet 1909 den „Kronprinzenpokal" für einen Wettbewerb, in dem die beste Regionalauswahl ermittelt werden soll (heutiger Amateur-Länderpokal).

Dieser Pokalwettbewerb ruft ein enormes Zuschauerinteresse hervor und ist, als ein Schaulaufen der besten Spieler, ein wichtiges Instrument zum „Vorsortieren" der Nationalmannschaft. Die Förderung der Kicker durch die kaiserliche Familie hat Signalwirkung und sorgt mittelfristig für eine breite gesellschaftliche Akzeptanz des ursprünglich als „Engländerei“ verdammten Sports. Der Fußball wird ins Trainingsprogramm des Militärs aufgenommen, und auf den Fußballplätzen werden Tribünen errichtet, auf denen die vornehmen Damen und Herren aus den „besseren Kreisen“ bequem die Spiele verfolgen können.

Ab 1912, Franken
Turner gegen Kicker

Die meisten Erwachsenen stehen dem englischen Sport in seinen Anfangsjahren sehr ablehnend gegenüber. Viele Vertreter der Turnerschaft halten nichts von dem rauen „Stauchballspiel“, das angeblich einer harmonischen Ausbildung des Körpers widerspricht. Darüber hinaus gilt ihnen der Wettkampfgedanke als „englische Krankheit“, denn beim Turnen soll nicht das Siegen im Vordergrund stehen, sondern die disziplinierte und korrekte Ausführung von Übungen. Im Jahr 1898 wettert der Lehrer Karl Planck in seiner Streitschrift „Fusslümmelei“: „Unsereiner erlaubt sich also nicht nur diese Errungenschaft englischen Aftersports, sondern auch das Fußballspiel selbst nicht nur gemein, sondern auch lächerlich, hässlich und widernatürlich zu finden.“

Nichtsdestotrotz entstehen auch bei etlichen Turnvereinen Fußballabteilungen. Manche spalten sich ab und machen sich selbstständig. Besonders schwierig ist die Situation für die Schüler, denen öffentliches Fußballspielen verboten ist. Werden sie beim Kicken erwischt, müssen sie mit Karzer und Schulverweis rechnen. Doch alle Verbote helfen nichts. Viele Schüler haben keine Lust auf das nach geradezu militärischen Regeln funktionierende Turnen. Sie erleben das Fußballspiel als eine Befreiung von den beengenden Konventionen der Gesellschaft, und so frönen sie eben heimlich in „wilden“ Vereinen dem Kick-Vergnügen.

Nur wenige Lehrer haben Verständnis für die Begeisterung der Jugendlichen. Am Neuen Gymnasium in Nürnberg gibt es zum Beispiel den graubärtigen Oberstudienrat Dr. h.c. Kalb. Eines Tages, es ist kurz nach der Bekanntgabe des verschärften Fußball-Verbotes im Jahr 1912, taucht er auf der Wöhrder Wiese auf, wo seine Schüler dem unerlaubten Vergnügen nachgehen. Noch ehe sich die Schüler besinnen können, wie sie reagieren sollen, hat Kalb schon wieder kehrt gemacht und wandert davon. Am nächsten Tag erwarten sie in der Schule das große Donnerwetter. „Kunsteiger“, sagt der Lehrer Kalb, „bleiben sie nach Schluss der Stunde einmal da. Mit den anderen von gestern. Ihr wisst schon!“ „Kunsteiger“, mahnt der Lehrer wenig später, „hören sie gut zu! Sie sollten den linken Flügel besser bedienen! Er spielt viel wirkungsvoller als der rechte!“ Und dann verschwindet er ...

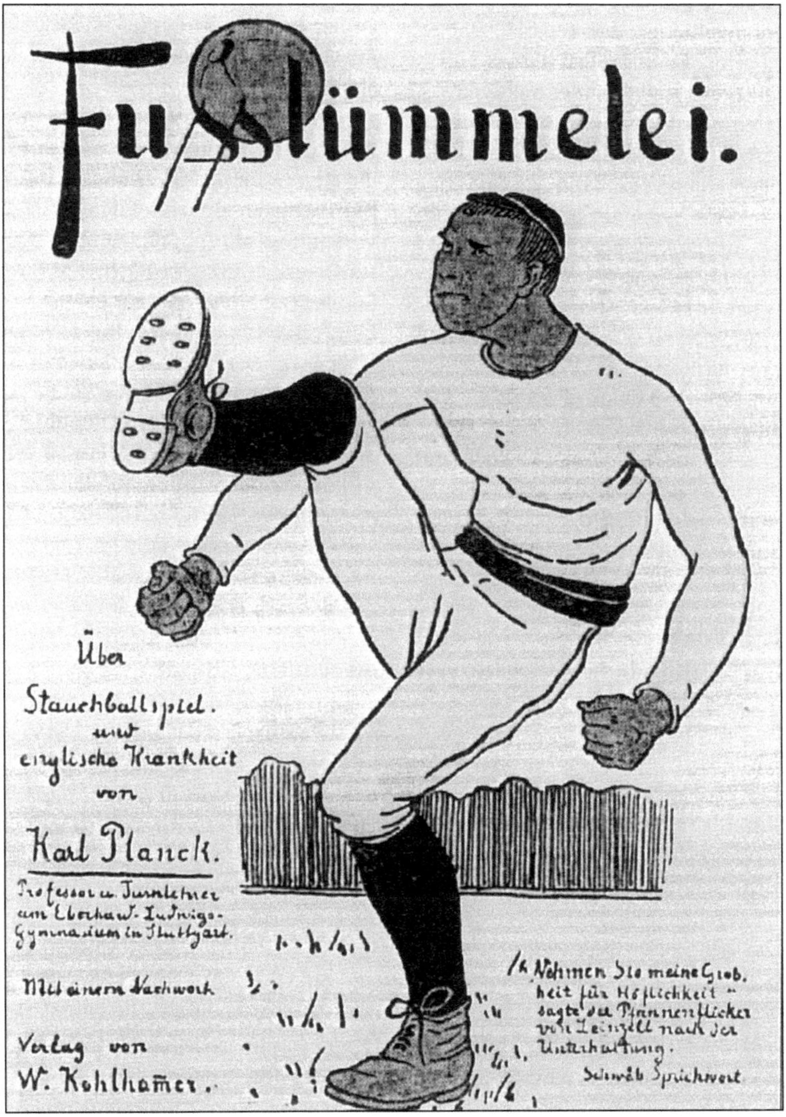

Titelblatt der Streitschrift eines Turnlehrers gegen das Fußballspiel

Seit 1920 ist den Schülern der Klassen drei bis neun „in Grenzen", wie es heißt, das Ausüben des Fußballsports im Verein gestattet. Zur endgültigen Aufhebung des Fußballverbotes kommt es erst im Jahr 1924.

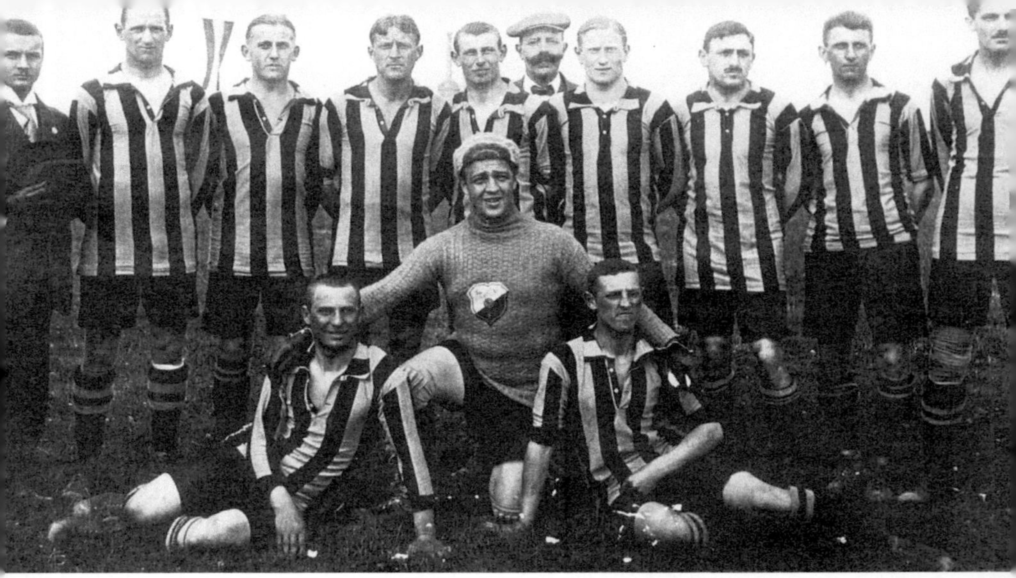

Die Meistermannschaft der Spielvereinigung Fürth nach dem Endspiel 1914. Oben von links: Goerg Wellhöfer, Hans Jakob, Karl Burger, Hans Schmidt, Fritz Weicz, Julius Hirsch, Goerg Wunderlich und Erich Riebe. Unten von links: Sebastian Seidel, Hermann Polenski und Karl Franz.

1914 Magdeburg
Fürth im Finale - Ein erbitterter und scharfer Kampf

Als am 31. Mai 1914 in Magdeburg vor 6.000 Zuschauern das Endspiel SpVgg Fürth gegen VfB Leipzig angepfiffen wird, sind die Fürther auf das Match gut vorbereitet. In zwei Testspielen gegen internationale Topteams, gegen Tottenham Hotspurs (2:2) und Inter Mailand (2:3) haben sie ihre Kräfte auf die Probe gestellt. Im Finale stellt sich dann tatsächlich heraus, dass die Fürther technisch und taktisch besser sind.

Sie gehen in der 16. Minute durch ein Tor von Karl Franz mit 1:0 in Führung. Die VfB-Spieler halten mit Kampfkraft dagegen. In der 84. Minute können die Leipziger, die seit dem frühzeitigen Ausfall von Michel nur noch zehn Mann auf dem Platz haben – Auswechseln ist damals noch nicht erlaubt -, zum 1:1 ausgleichen. Es geht in die Verlängerung (2 x 15 Minuten). Danach steht es 2:2.

Wie damals üblich, wird das Spiel im 10-Minuten-Rhythmus weiter verlängert, bis zur Entscheidung. Während der zweiten Verlängerung wird der hitzköpfige „Bumbes“ Schmidt vom Feld verwiesen, kurz danach gibt der völlig erschöpfte Leipziger Hesse auf. Zehn Fürther und neun Leipziger kämpfen in der dritten Verlängerung mit letzter Kraft weiter. Selbst die Leipziger sind schließlich froh, als dem Halbrechten Karl Franz in der 154. Minute auf Vorlage von Fritz Weicz sein zweiter Treffer gelingt und der „erbitterte und scharfe Kampf“, wie der „Fußball“ später schreibt, damit endlich entschieden ist.

Ein mitgereister Journalist der Fürther Zeitung beschreibt die Szenen nach dem Abpfiff: „Die Spieler umarmen sich. Die kleine Anhängerschaft stürzt sich auf Franz, Seidel, Burger, Weiß usw. und tragen sie auf den Schultern im Triumphe zu den Autos." Am Tag nach dem Endspiel empfangen mehrere tausend Fürther den neuen Deutschen Meister auf dem Bahnhofsplatz. Anschließend fährt man in blumengeschmückten Wägen zur ausgelassenen Meisterschaftsfeier im Geismannssaal.

1911, Fürth
William Townley, der Trainer aus England

Anfang April 1911 heuert ein 45-jähriger, großer und schlanker Mann bei der SpVgg in Fürth an und legt dort den Grundstein für die später so berühmte, auf trickreichen Flachpass-Kombinationen beruhende „Süddeutsche Fußball-Schule". Innerhalb von drei Jahren formt er aus einem durchschnittlichen Team eine Meisterelf. Besondere Aufmerksamkeit widmet er der Verbesserung der Ballbeherrschung, der Raum- und Arbeitsaufteilung auf dem Platz sowie dem Direktpassspiel. Neben Nationalspieler Karl Burger, den er zu seinem verlängerten Arm auf dem Platz macht, ist der junge „Bumbes" Schmidt sein gelehrigster Schüler.

Der spätere Nationalspieler, der 1911 als 17-jähriger in der 1. Mannschaft der Kleeblättler debütiert, schwärmt noch jahrelang von seinem Lehrer: „Er machte jede Übung vor. Er zeigte uns in den Trainingsspielchen, wie wir den Ball laufen lassen sollten. Im Winter zog er ein abwechslungsreiches Hallentraining auf. Wir trainierten dreimal in der Woche. Ich arbeitete damals als kaufmännischer Angestellter in der Spielwarenbranche. Nach Geschäftsschluss wetzte ich in den Ronhof. Und zwar im Laufschritt, damit ich ja keine Minute von Townleys Training versäumte."

William Townley ist zum Zeitpunkt seines Engagements in Fürth kein Unbekannter mehr. Selbst ein erfolgreicher Stürmer, hatte er im Jahr 1890 für Blackburn Rovers den englischen Pokal beinahe im Alleingang geholt, als er zum 6:1 im Finale gegen Sheffield Wednesday einen lupenreinen Hattrick beisteuerte. Nachdem er wegen eines schweren Unfalls, von dem er eine schlimme Narbe im Gesicht zurückbehielt, seine Karriere beenden musste, versuchte er sein Glück zunächst als Lehrer. Doch bereits nach kurzer Zeit gab er diesen Job auf und machte sich daran, den bedürftigen Fußball-Schülern in Deutschland seine Kenntnisse zu vermitteln. Die erste Station des der sogenannten „schottischen Schule" verpflichteten Trainers war der Deutsche Fußballclub Prag, im Januar 1909 wechselte er zum Karlsruher FV. Townley trimmte die Karlsruher mit der Läuferreihe Hirsch-Fuchs-Förderer zur besten Mannschaft Deutschlands und führte sie 1910 zum Meistertitel.

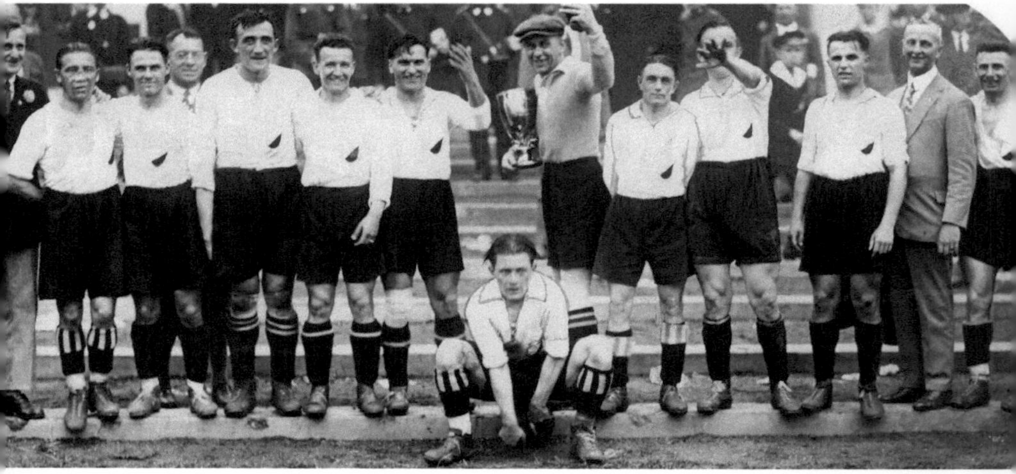

William Townley, der Erfolgstrainer der SpVgg Fürth (2.v.r.), eingerahmt von den beiden Meisterspielern der Jahre 1914 (Hans „Bumbes“ Schmidt, rechts) und 1926 (Josef „Sepp“ Müller, links).

Der ehemalige Karlsruher Starspieler Julius Hirsch, von Townley an den Ronhof gelockt, wird im Jahr 1914 auch mit den Fürthern Meister. Der Trainer allerdings ist bereits im Dezember 1913 zu den Bayern nach München gewechselt, bevor er, wegen des Krieges, nach England zurückkehrt. Im Frühjahr 1919 tritt er wieder in München an. Zwar kann er dort keine Meistertitel bewirken, dafür aber leistet er hervorragende Nachwuchsarbeit. Spätere Nationalspieler wie Pöttinger, Nagelschmitz und Hofmann geben unter seiner Ägide ihr Debüt in der 1. Mannschaft.

1926, einige Wochen vor dem DM-Endspiel gegen Hertha BSC, taucht er wieder in Fürth auf, um dem Team die letzten Feinheiten einzutrichtern. Nach dem 4:1-Sieg wird der bedächtige Pfeifenraucher in der Kleeblattstadt wie ein Heilsbringer gefeiert. Der „Kicker“ ist begeistert vom Stil der Fürther Meistermannschaft: „Die Kunst der Kleeblättler ist ja viel zu bekannt, um viele Worte zu verlieren – es bleibt das Fürther System immer ein Hymnus an die Schönheit – aus jeder Bewegung und aus jedem Gedankeneinfall klingt das Erfülltsein von der Herrlichkeit des Fußballspiels. Es ist das Verdienst Townleys! Nie hat eine andere deutsche Fußballmannschaft den klassischen Fußball in derselben Grazie beherrscht als die Fürther Spielvereinigung ...“.

Townley bleibt bis zum 1. Oktober 1927. Drei Jahre später kehrt der legendäre Mann, zwischenzeitlich beim Hamburger SV und Arminia Hannover als Trainer tätig, zum dritten und letzten Mal an den Ronhof zurück. Erfolge bleiben diesmal aus, denn die große Zeit der Fürther ist nun vorbei. William Townley wird 84 Jahre alt. Er stirbt im Jahr 1950 in Blackpool.

1919 – 1932
DIE GOLDENEN JAHRE DER FUSSBALL-HOCHBURG

1920, Frankfurt
Ein Derby im Endspiel

Vor dem Endspiel gegen die SpVgg Fürth, das für den 13. Juni 1920 in Frankfurt anberaumt ist, zeigen die Spieler des 1. FCN enormes Selbstbewusstsein. Als sich die beiden Mannschaften bei einem Bummel durch die Frankfurter Innenstadt zufällig treffen und ein Fürther den Nürnberger Läufer Carl Riegel nach seinem Endspiel-Tipp fragt, knöpft der stumm seinen Gehrock auf und zeigt auf einen eingenähten weißen Flicken. 2:0 steht darauf. Kurz vor dem Anpfiff setzt er dann noch mal eins drauf. Während sich die Spieler in einer Bretterbude umkleiden,

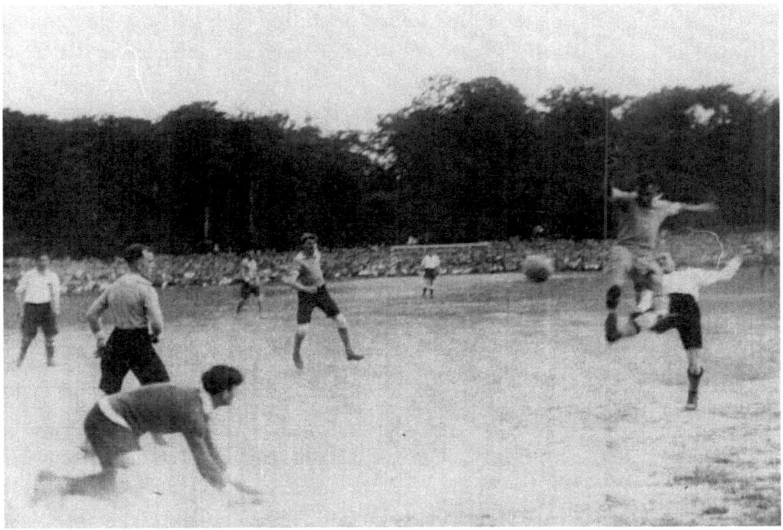

Endspiel 1920: Peter Szabo erzielt das entscheidende 2:0 für den FCN.

findet Riegel heraus, dass sich in der Mauer unter der Decke ein Ofenloch befindet, durch das man die Fürther beobachten kann, ohne selbst gesehen zu werden. „Die gewinnen net!“ ruft er triumphierend seinen Kameraden zu: „Schaut's amol, wie die zittern!“

Die 35.000 Zuschauer, die das Match im Germania-Stadion an den Sandhöfer Wiesen sehen wollen, bedeuten einen bis dahin einsamen Rekord. Teilweise auf den Dächern von eiligst herangeschafften Omnibussen platziert, harren die Fans der Sensation des Jahres. Obwohl viele kaum eine Chance haben, vom Spiel irgendetwas zu sehen, sind alle gleichermaßen gespannt auf das Entscheidungsspiel zwischen den beiden anerkannt besten Mannschaften Deutschlands. Zunächst dominiert Fürth mit dem Parade-Sturm Andreas Franz, Lony Seiderer und Hans Sutor. Nach 8 Minuten kann Club-Torwart Heiner Stuhlfauth einen Freistoß des Fürther Halblinken Viktor Hierländer gerade noch um den Pfosten lenken. Stuhlfauths souveräne Leistung verschafft den Spielern in den verwaschenen weinroten Trikots die nötige Selbstsicherheit.

In der 13. Minute schließt Luitpold Popp einen schnellen Konter über Willi Böß und Heiner Träg per Volley zur überraschenden Führung ab. Die Kleeblättler zeigen sich jedoch nicht schockiert. Fürth stürmt, brilliert mit elegantem Flachpass und technischen Kabinettstückchen. Doch Nürnbergs Abwehr, von Hans Kalb glänzend organisiert, lässt die Kleeblatt-Stürmer nicht mehr durchkommen.

Nach Wiederbeginn dasselbe Bild: Die SpVgg bemüht sich mit schönen Kombinationen um den Anschlusstreffer, doch der Club hält mit nüchterner Athletik und Kampfkraft dagegen. Es scheint nur noch eine Frage der Zeit, bis Fürth der Ausgleich gelingen würde. Da aber werden die Fußballkünstler aus der Kleeblattstadt in der 71. Minute nach einem überfallartig vorgetragen Konter entzaubert. Der Ungar Peter Szabo startet auf dem linken Flügel durch und versenkt das Leder aus rund 16 Metern im Netz – 2:0.

Die SpVgg gibt auch jetzt noch nicht auf und greift weiter an. Doch nach einer von Mittelläufer Hans Hagen vergebenen Großchance brechen die Fürther, die ihrem pausenlosen Anrennen allmählich auch konditionell Tribut zollen müssen, zusammen. Die Partie ist entschieden.

Ab 1920, Deutschland
Und alle fiebern mit ...

Voraussetzung für den Erfolg des Fußballs als Zuschauersport sind die steigenden Löhne, die allmähliche Einführung des freien Samstags sowie die Ausweitung des Eisenbahnnetzes. Viele Menschen haben nun Zeit und Geld, um Spiele zu besuchen. Mit der Bahn können sie größere Entfernungen zurücklegen, um auch bei Auswärtsspielen ihres Klubs dabei zu sein.

Wie schnell der Fußball zum Massenereignis wird, zeigen ein paar Zahlen: Beim Endspiel 1914 in Magdeburg sind gerade mal 6.000 Zuschauer dabei, 1920 in Frankfurt, als von Nürnberg aus erstmals Sonderzüge starten, sind es bereits 25.000. Zwei Jahre später, beim Skandal-Endspiel 1. FCN - HSV in Leipzig, wird die für damalige Verhältnisse sagenhafte Marke von 50.000 überschritten.

Für viele einfache Menschen ist die Bahnfahrt zu einem Auswärtsspiel dennoch zu teuer, andere haben schlicht keine Zeit dazu. Da die Daheimgebliebenen natürlich trotzdem ein Interesse haben, bei wichtigen Spielen rechtzeitig in-

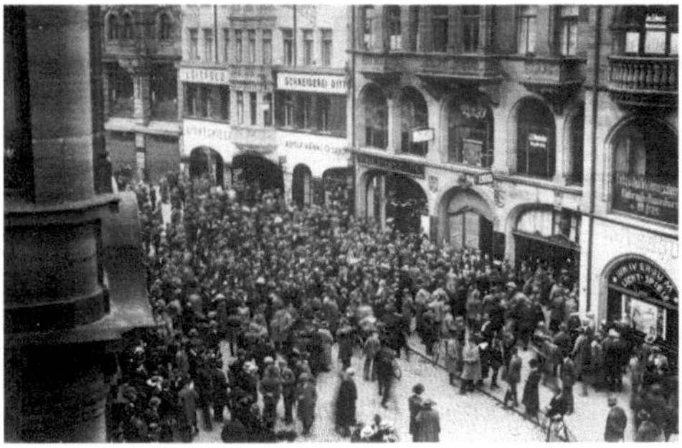

Die Luitpoldstraße in Nürnberg am 18. Juni 1922: Gespannt wartet man auf das Resultat aus Berlin.

formiert zu werden, werden zunächst „Fußball-Kundgebungen" eingerichtet. Am 28. Juni 1922, beim ersten Endspiel des Club in Berlin gegen den HSV, werden die Zwischenstände per Fernsprecher nach Nürnberg übermittelt und dort einer gespannt harrenden Menge vor dem Lichtspieltheater in der Luitpoldstraße verkündet.

Nur vier Jahre später, als die Spielvereinigung in Frankfurt gegen Hertha gewinnt, haben es die Fürther Anhänger bereits wesentlich komfortabler. Diejenigen, denen die Fahrt zu teuer ist – wer auf einem der in der Nacht gestarteten offenen Lastwagen mitfahren will, muss 5 Mark berappen – versammeln sich im damaligen Kino Kristallpalast an der Pfisterstraße, in Gasthäusern oder im Geismannssaal, um sich das Spiel am Radio anzuhören.

Das Endspiel von 1926 ist das erste, über das der berühmte Rundfunkreporter Paul Laven berichtet. Im Jahr darauf, beim Finale Hertha BSC gegen 1. FCN in Berlin, gibt es dann die erste Liveübertragung des gesamten Spiels.

1919, Neustadt bei Coburg
Feindliche Brüder in Neustadt

Im Sommer 1919 kommt es in Neustadt bei Coburg zur Vereinigung aller örtlichen Fußballvereine. Lange Jahre war der 1907 gegründete Fußballverein „Adler" konkurrenzlos gewesen, doch nach der Gründung der „Ballspielvereinigung" und des „Vereins für Bewegungsspiele" hatte es drei Lokalrivalen gegeben – eindeutig zu viel für den kleinen Ort.

Der neue Sportverein von 1907 e.V. bezieht einen schönen Sportplatz am Angergelände. Größter Konkurrent des Klubs, der sich dem Verband Mitteldeutscher Ballspielvereine anschließt, sind die Kicker vom benachbarten VfB Coburg. Meist haben die Coburger, die 1921 in 18 Spielen in der thüringischen Liga lediglich 19 Gegentreffer zulassen, die Nase vorne.

Dass allerdings auch das Spielniveau des VfB eher niedrig ist, zeigt sein Auftritt als thüringischer Meister in Fürth. Im Fünf-Minuten-Takt hauen die Kleeblättler ihren Gästen den Ball ins Netz, nach 90 Minuten haben sie mit 17:0 gewonnen.

Trotz fehlender Klasse sind für die Fußballfans in Neustadt die Spiele des SV 07 gegen den VfB die Höhepunkte jeder Saison. Bis zum September 1924. Da nämlich kommt es zu einer schweren Krise des Vereins. Der SV 07 hat zwei in etwa gleich starke Fußballmannschaften, und da nur eine als „Erste“ auflaufen kann, treten 35 unzufriedene Mitglieder aus und gründen den SC Fröhlich. Dem neuen Verein gelingt eine erstaunliche Siegesserie und der sofortige Aufstieg in die 1. Spielklasse von Südthüringen.

Jahrelang gibt es daraufhin Lokalderbys zwischen den feindlichen Brüdern „SC“ und „SV“. Für die paar tausend Einwohner von Neustadt hat einzig Bedeutung, wer das Derby gewinnt, andere Spiele, mit Ausnahme die gegen den VfB Coburg, nimmt man nicht mehr so wichtig. Ein böses Erwachen gibt es erst, als beide Vereine am Ende der Saison 1928/29 in Abstiegsgefahr schweben, der große Rivale aus Coburg hingegen erneut die Meisterschaft von Südthüringen erringt.

So kommt es am 14. April 1929 zu einer denkwürdigen Einigungsversammlung im Saal des Gasthofs „Jägersruh“. Die vollzählig anwesenden Mitglieder beider Vereine beschließen, dass es mit der Selbstzerfleischung ein Ende haben müsse und heben den „VfL von 1907 e.V.“ aus der Taufe. Als Vereinsfarben wählt man grün-weiß-blau - die Farben beider Vereine sollen weiterbestehen -, und in der nächsten Saison tritt eine Mannschaft aus den besten Spielern beider Klubs an. Dem vereinigten Team gelingt bereits nach zwei Spielzeiten der große Wurf: 1938/31 erringt der VfL Neustadt erstmals den Titel „Meister von Südthüringen“.

1922/1923, Nürnberg
Geld in Wäschekörben

Im Oktober 1922 kommt es in Nürnberg/Fürth zu einem betrüblichen Ereignis: Die Fahrkartenschalter der berühmten, 1835 eröffneten Ludwigseisenbahn zwischen Nürnberg und Fürth müssen schließen, weil eine vernünftige Bewirtschaftung nicht mehr möglich ist. Es ist die Zeit der Inflation.

Im Januar 1923 startet der in der Verbandsrunde an Fürth gescheiterte und daher von weiteren Pflichtspielen „befreite“ Club zum zweiten Mal zu einer Spanienreise. Der Verein braucht Geld, und das gibt es in Deutschland zu dieser Zeit kaum mehr zu verdienen. Die zweite Spanienreise - Motto: Raus aus der Inflation, hin ins gelobte Reich der Peseten, her mit den Devisen! - hat, wie in der Vereinszeitung später festgehalten wird, „ein glänzendes finanzielles Ergebnis“ und gibt „dem Club in den Zeiten der fortschreitenden Inflation einen sicheren Rückhalt.“

Im Juni, als die Zahl der Arbeitslosen in Deutschland auf 5 Millionen angewachsen ist und an die Bedürftigsten bereits Brot verteilt wird, ist das Fußballspielen nahezu unbezahlbar geworden. Ein guter Fußball kostet 200.000 Mark, für Tribünenkarten in Zabo und Ronhof wird bald schon ein Zuschlag von 10.000 Mark gefordert, die Endspiel-Sonderausgabe des „Fußball“ kostet 1.500 Mark. Und es steigert sich noch.

Für die „Fußball"-Notausgabe Ende Oktober müssen sagenhafte 4 Milliarden Mark berappt werden, bei den Spielen der Nürnberg/Fürther Vereine werden die Eintrittsgelder in Wäschekörben abtransportiert. Die Lage beruhigt sich erst wieder, als am 15. November die Rentenmark eingeführt wird.

Ab 1923, Franken
Franken ist gleich Deutschland

„Franken ist gleich Deutschland" heißt es in den 20er Jahren gleich mehrmals. In der deutschen Nationalmannschaft, die am 1. Januar 1923 in Mailand gegen die starken Italiener mit 1:3 unterliegt, stehen fünf Clubspieler und fünf Kleeblättler sowie ein Ex-Spieler von 1860 Fürth, der mittlerweile zu den Stuttgarter Kickers gewechselte Georg Wunderlich. Eine ausschließlich aus Spielern des 1. FCN und der SpVgg Fürth zusammengesetzte Mannschaft schlägt am 13. Januar des folgenden Jahres im „Zabo" eine österreichische Auswahl mit 4:3. Alle Tore gehen dabei auf das Konto von Fürthern - dreimal trifft Andreas Franz, einmal Karl Auer.

Im nächsten Länderspiel treffen die Deutschen - bzw. das „Team Nürnberg/Fürth" – auf die holländische Nationalelf. Schwieriger als das Spiel selbst gestaltet sich dabei die Anreise: Die wegen eines harten Derbys verfeindeten Spieler reisen zwar im selben Zug, doch in getrennten Waggons an. Fünf Nürnberger - Heiner Stuhlfauth, Anton Kugler, Hans Kalb, „Bumbes" Schmidt, Heiner Träg - und sechs Fürther - Josef Müller, Hans Hagen, Karl Auer, Andreas Franz, Lony Seiderer, Willy Ascherl – spielen dann am 21. April in Amsterdam trotz großer Unstimmigkeiten erfolgreich zusammen. Das Endergebnis von 1:0 und damit den ersten Sieg gegen die Niederlande überhaupt stellt der kleine Fürther Auer auf Flanke von Träg sicher.

Die letzten großen Triumphe gibt es im Jahr 1929. Am 7. Januar spielt eine als „Auswahl Süddeutschland" angetretene Nürnberg/Fürther Kombination eine „Auswahl Niederösterreich" mit 5:0 glatt an die Wand. Um sich die Dimension dieses im Städtischen Stadion Nürnberg herausgespielten Erfolges klarzumachen, muss man wissen, dass die österreichische Mannschaft nahezu identisch ist mit dem wenig später als unschlagbar geltenden „Wunderteam".

Am 10. Februar des Jahres triumphiert die deutsche Nationalmannschaft über die Schweiz. Bei dem glatten 7:1 sind vom Club Heiner Stuhlfauth, Hans Geiger und Baptist Reinmann dabei, daneben die Fürther Ludwig Leinberger und Allan Frank. Der Halblinke Frank erzielt an diesem Tag vier Tore, beim nächsten Länderspiel am 28. April in Turin gelingt ihm das spielentscheidende 2:1 zum ersten Länderspielerfolg gegen Italien überhaupt. Die Läuferreihe in diesem denkwürdigen Match bilden Geiger, Leinberger und der Ex-Fürther Georg Knöpfle, vorne wird Frank vom Clubstürmer Josef Hornauer unterstützt.

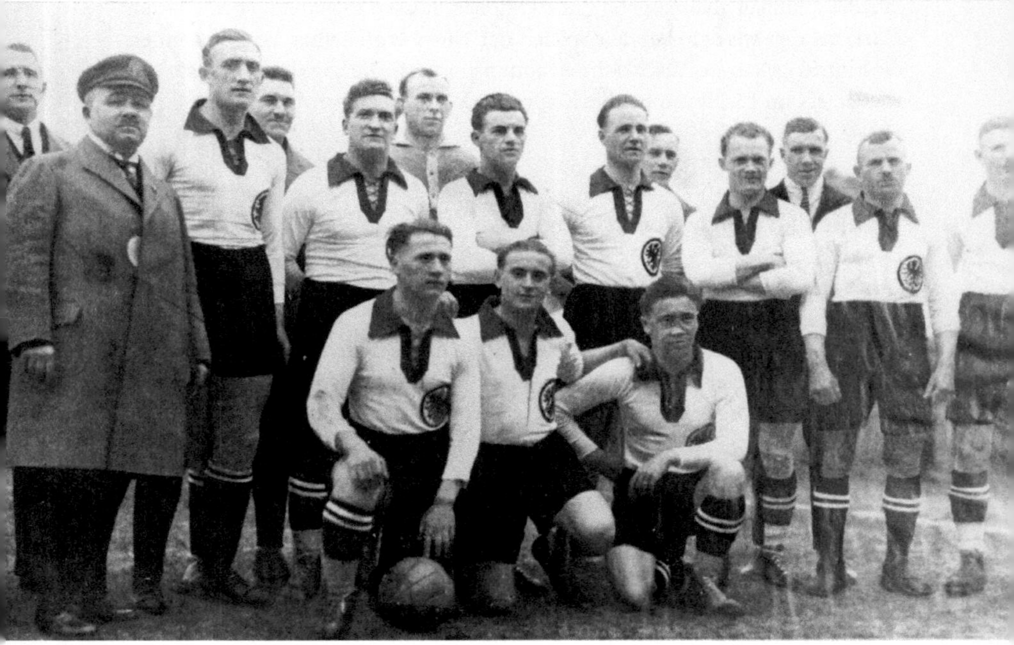

Die Nürnberg-Fürther Nationalmannschaft, die am 21. April 1924 in Amsterdam mit 1:0 gegen die Niederlande gewinnt. Oben von links: Hans Kalb, Andreas Franz, Lony Seiderer, Josef Müller, Anton Kugler, Heiner Träg und „Bumbes" Schmidt. Unten von links: Karl Auer, Willi Ascherl und Hans Hagen.

Im Tor hat der Mann im grauen Wams, Heiner Stuhlfauth, seinen allergrößten Tag und wird hernach als „Hexer von Turin" gefeiert.

Aber nicht nur in diesen Spielen, sondern auch insgesamt ist die Länderspiel-Bilanz der Hochburg Nürnberg/Fürth in den 20er Jahren imposant. Insgesamt stellt sie nicht weniger als 31 Nationalspieler (15 von der SpVgg Fürth, 16 vom 1. FCN). Manche von ihnen – so die Fürther Willi Ascherl, Leo Fiederer, Georg Wellhöfer und der Nürnberger Emil Köpplinger – sind nur „Eintagsfliegen". Andere – so zum Beispiel die Clubspieler Luitpold Popp, Carl Riegel und Wolfgang Strobel oder die Kleeblättler Teddy Lohrmann und Georg Kießling – kommen mehrfach zum Einsatz. Den Status von Stammspielern erreichen Heiner Stuhlfauth, Hans Kalb, „Bumbes" Schmidt und Hans Sutor vom Club, sowie Andreas Franz, Hans Hagen, Josef Müller und Ludwig Leinberger von der Spielvereinigung.

Georg Knöpfle müsste man ebenfalls dazu zählen, doch der Läufer bestreitet von seinen 23 Länderspielen lediglich drei für die Fürther, den Rest für den FSV Frankfurt. Auch andere kommen für zwei Vereine zu Länderspiel-Ehren, so z.B. Hans Lang (SpVgg Fürth und HSV). Verteidiger Josef Müller, der vor seinem Wechsel nach Fürth bereits als Spieler von Phönix Ludwigshafen ein Länderspiel absolviert hatte, bringt 1928 das Kunststück fertig, Nationalspieler für drei Vereine zu werden: Sein zwölftes und letztes Länderspiel, das der mittlerweile 34-jährige Asket am 15. April bestreitet, ist das erste und bis heute einzige für einen Spieler des FV Würzburg 04.

Nationalspieler aus dem Frankenland, so zeigt das Beispiel Josef Müller, müssen in den 20er Jahren nicht unbedingt ein weinrotes Clubtrikot oder ein weißes mit Kleeblatt-Abzeichen tragen. Und Müller ist keine Ausnahme. Auch der TV 1860 Fürth (Georg Wunderlich, „Bumbes" Schmidt), der MTV Fürth (Hans Lohneis) sowie der ASV Nürnberg (Hans Geiger, Karl Scherm) sind Vereine, die Nationalspieler in ihren Reihen haben.

Ab 1916, Franken
Die fränkische Torhüter-Tradition

Heiner Stuhlfauth, der legendäre Torhüter des 1. FCN, der von 1916 bis 1933 das Club-Trikot trägt und in dieser Zeit 21 Länderspiele bestreitet, ist beim FC Franken fußballerisch groß geworden. Er beginnt seine Karriere zunächst als Stürmer, erst nach dem Weggang des Stammkeepers wird er ins Tor gestellt: „Du bist der Längste und musst ins Tor!" befiehlt der Vorstand.

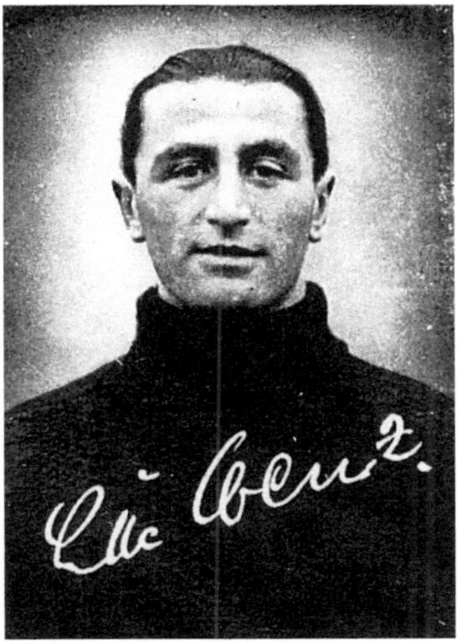

Ludwig („Luc") Wenz, Fürther Torhüter und ehemaliger Nationalspieler des ASV Nürnberg

Sein großes Vorbild in dieser Zeit ist der Torwart Hofmann vom FC Pfeil. Der übt seine Fangkunst an Eichhörnchen – keines, so geht die Mär, kann ihm entkommen. Nachdem Hofmann gleich zu Beginn des 1. Weltkriegs aus dem Feld nicht mehr zurückkehrt, wird Stuhlfauth sein Nachfolger.

Nun bemerkt man auch beim Club seine Qualitäten. 1916 wechselt der „Pfeiler" an den Zabo und begeistert die Zuschauer auf Anhieb mit blitzschnellem Reaktionsvermögen und einer bald schon legendären Fangsicherheit. „Was der Heiner einmal zwischen seinen Pranken hielt", schreibt der „Kicker" nach einem Spiel, „das ließ er nicht mehr los! Immer wieder hatte man das Gefühl, dass so ein Fußball eigentlich zu klein für den großen Mann wäre!"

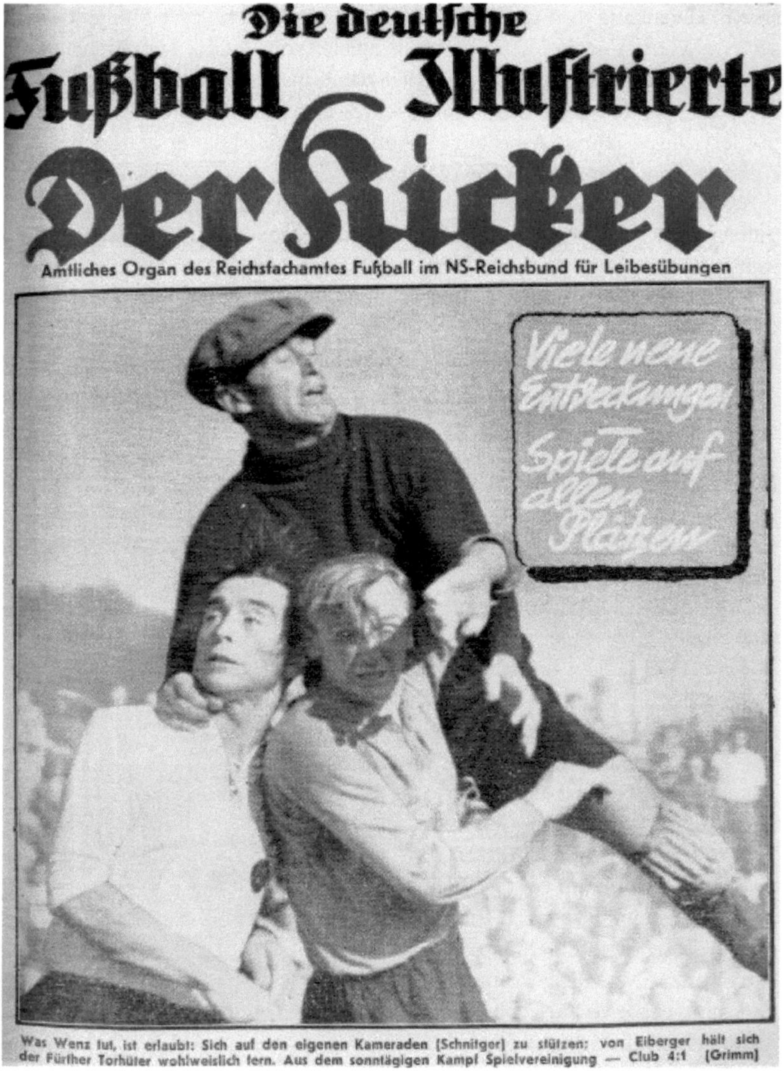

Die deutsche Fußball Illustrierte

Der Kicker

Amtliches Organ des Reichsfachamtes Fußball im NS-Reichsbund für Leibesübungen

Was Wenz tut, ist erlaubt: Sich auf den eigenen Kameraden (Schnitger) zu stützen: von Eiberger hält sich der Fürther Torhüter wohlweislich fern. Aus dem sonntägigen Kampf Spielvereinigung — Club 4:1 (Grimm)

Titelblatt des „Kicker“ vom 10. September 1929, mit dem Fürther Torhüter Ludwig Wenz

Was Wunder – sollen doch Stuhlfauths Hände „groß wie Bratpfannen“ sein. Die berühmteste Spezialität Stuhlfauths ist allerdings zweifellos die Fußabwehr. Wenn es die Situation irgendwie erlaubt, braust er aus dem Tor heraus und fährt dem Gegner als „dritter Verteidiger“ zwischen die Beine. Nie wird er müde, die später berühmt Maxime zu wiederholen: „Ein guter Torwart wirft sich nicht!" Spätestens 1927, nach fünf Endspielen, in denen er keinen einzigen Gegentreffer zulässt, kennt ganz Deutschland seine Markenzeichen – den immer gleichen grauen Pullover und seine tief in die Stirn geschobene Schiebermütze.

Einen letzten großen Erfolg erlebt der Mann, der auf dem Platz auch in größter Bedrängnis eine unerschütterliche Ruhe ausstrahlt, am 28. April 1929 in Turin. Diesmal allerdings betätigt er sich nicht als „dritter Verteidiger", sondern als „Flieger". Nach seinen tollen Paraden beim sensationellen 2:1-Sieg Deutschlands über Italien, die vom Rundfunk-Reporter Paul Laven „als die größte Leistung eines Torwarts in der deutschen Fußball-Geschichte" geschildert werden, verleiht ihm selbst die italienische Presse den Ehrennamen „Hexer von Turin".

Ein ganz anderer Typ als der ruhige und bedächtige Stuhlfauth ist „Teddy" Lohrmann, der während seiner Zeit bei der SpVgg Fürth als nahezu gleichwertiger Konkurrent gilt. Der aus dem SV Waldhof hervorgegangene Torhüter beeindruckt vor allem durch seinen weiten Abschlag sowie durch energisches und risikobereites Dazwischengehen im Strafraum.

Aber selbst wenn er nur regungslos im Tor steht, wird der Hüne von seinen zahlreichen Fans „wie ein menschgewordenes Wunder" angestarrt. Was die Zahl weiblicher Verehrerinnen angeht, so heißt es in einem Zeitungsartikel, sei der gut gewachsene Allroundsportler, der neben Fußball auch noch Rugby, Hand- und Wasserball betreibt, gar konkurrenzlos.

Auch bei seinem ersten Länderspiel am 24.10.1920 im Berliner Grunewaldstadion (1:0 gegen Ungarn) erhält der „Teddy" nicht nur für seine fußballerischen Taten glänzende Kritiken. „Was im Metropol die gefeierte Sängerin Claire Dux ist, das wurde Lohrmann den 50.000 Zuschauern im Deutschen Stadion", schreibt eine Zeitung. „Als dieser schön gewachsene blonde Riese im graugrünen Trikot zum ersten Mal hoch in der Luft den Ball fing – imponierend, in ruhiger, kraftvoller Sicherheit -, da ging ein Raunen durch die Massen, das sich zu stürmischer Freude steigerte."

Lohrmanns internationale Karriere ist nach nur drei Länderspielen bereits beendet. Im Jahr 1923 wechselt er zu den Wiener Amateuren (der späteren Austria) und ist damit in den Augen des DFB „Profi" geworden. Tatsächlich kann er hier, genauso wie andere Legionäre – so etwa der Ex-Cluberer Alfred „Spezi" Schaffer oder der Ex-Würzburger Gustav Wieser – ein Einkommen erzielen, das weit über dem eines Facharbeiters liegt. Während der hünenhafte Schlussmann, der in Franken als eindrucksvolle Persönlichkeit in Erinnerung bleibt, mit der Austria Titel um Titel sammelt, stehen bei den Meister-Coups der Spielvereinigung andere Keeper im Kasten: Gustav Hörgreen (1926) und Hans „Kongo" Neger (1929).

Auch jenseits des Fürther Lagers hat Heiner Stuhlfauth bis zur Beendigung seiner Karriere reichlich Konkurrenz innerhalb Frankens. In einem Länderspiel gegen Ungarn ist ASN-Hüter Willi Sindel sein Ersatzmann, und im September 1930 – nur ein halbes Jahr, nachdem Stuhlfauth gegen Italien sein letztes Länderspiel bestritten hat – darf sich Sindels Nachfolger Ludwig Wenz das Nationaltrikot überstreifen. Da der Medizinstudent bei der 3:6-Niederlage am 7. September 1930 in Kopenhagen eine eher schlechte Figur macht, ist dieser erste Einsatz des späteren Keepers der SpVgg Fürth zugleich auch sein letzter.

Bei so viel Klasse-Torhütern aus Nürnberg/Fürth wundert es nicht, dass selbst Stuhlfauths Ersatzmann beim Club, Benno Rosenmüller, als Meister seines Faches und möglicher Nationalmannschafts-Kandidat gilt. Obwohl er als sicherer Torhüter und Elfmeter-Töter einen überregionalen Ruf genießt, kommt er nur 101 mal zum Einsatz.

Manchmal, so z.B. am 7. August 1927 in einem Pokalspiel gegen Fürth, gelingt es ihm, die Torhüter-Legende für einen Moment vergessen zu lassen. Trotz einer 0:1-Niederlage lobt ihn die „Allgemeine Sportzeitung“: „Rosenmüller war der Held des Tages, ein absolut vollwertiger Stuhlfauth-Ersatz, der schon längst das Licht an der Sonne verdient hätte.“

Noch etliche Jahrzehnte nach dem Ende seiner Karriere schwärmt der ewige Kronprinz von der Ehre, dass er hinter Stuhlfauth der zweite Mann hatte sein dürfen. „Der Stuhlfauth war die ‚Kanone‘ und mein Spitzname war ‚Kracherla‘, das war halt so“, meint er 1990 bei seinem letzten Interview. Anders als der fesche Lohrmann hatte er auch kein Bedürfnis, seinen Status als Fußballstar bei der Weiblichkeit zu nutzen. „Da hab’ ich kein Interesse gehabt, schon wegen der Kondition nicht. Und meine Frau habe ich ja dann auch schon gehabt seit 1922.“

Ab 1912, Nürnberg/Fürth
Guter Resi, böser Heiner

Hätte es seinen Bruder Karl nicht gegeben, hätte Andreas „Resi“ Franz womöglich nie das Trikot der Spielvereinigung Fürth getragen. Der am 27. Juni 1897 geborene „Resi“ spielt nämlich zunächst beim TV 1860 Fürth, erst 1912 folgt er dem Ruf seines Bruders, der bei der Spielvereinigung kickt. Bruder Karl, im Jahr 1914 eine der Stützen im Meisterteam der

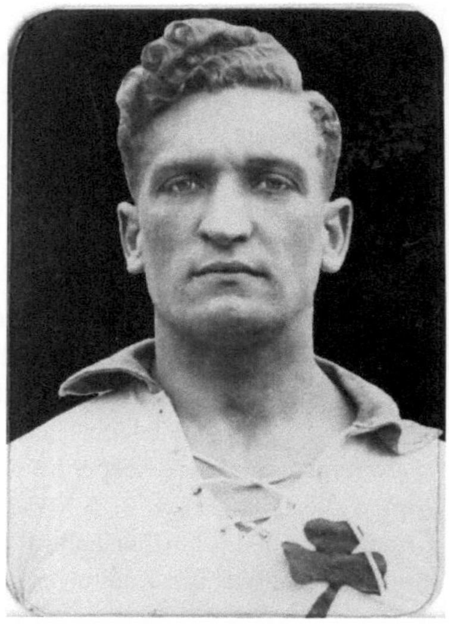

Andreas „Resi“ Franz, der schussgewaltige Stürmer im Kleeblatt-Trikot

Fürther, gilt als der talentierteste der fünf fußballspielenden Franz-Brüder, doch nachdem er im Ersten Weltkrieg den sogenannten „Heldentod" gestorben ist, ist es an Andreas, dem Namen Franz zu Fußball-Ruhm zu verhelfen.

Zusammen mit Mittelstürmer Leonhard „Lony" Seiderer und dem wieselflinken Rechtsaußen Karl Auer bildet er einen Angriff, der zur damaligen Zeit seinesgleichen sucht. Mit hervorragender Technik und verwirrendem Kombinationsspiel nehmen Franz und Seiderer jede Abwehr auseinander. Während Mittelstürmer Seiderer meist als Vorlagengeber glänzt, tritt der „Halbrechte" Franz, dessen Schuss so hart wie gefürchtet ist, in der Regel als Vollstrecker auf. Berüchtigt sind seine „Kreisel-Schüsse". Wenn er sein Gewicht, seine Ballbeherrschung und seine Schusskraft in einen ‚Dreher' lege, so schreibt ein Journalist, dann könne man wetten, dass es ein Tor wird.

Das Glanzstück des Clubsturms ist, trotz eines Luitpold Popp, der als Halbrechter große Torgefährlichkeit entwickelt, die linke Seite mit Heiner Träg und Hans Sutor. Obwohl nicht besonders groß, lässt sich der untersetzte und bullige Träg auch von den schwersten Gegnern nie umrempeln. Kein Dribbler im eigentlichen Sinne, ist seine Spielweise eher schlicht - „schmuck- und schnörkellos, geradlinig, ungeheuer wuchtig", wie der „Fußball" schreibt.

Träg lauert auf Steilpässe, und kommen die maßgerecht, dann bricht er nach links durch und hält mit dem linken Schlappen drauf. Vorlagengeber für Träg ist in der Regel der laut „Kicker" „beste Linksaußen der deutschen Ländermannschaft": Hans Sutor. Mit seinen Stärken - technisch ausgereift, herausragendes Dribbling, spurtstark, haargenaues Zuspiel, präzise Flanken – ist der ehemalige Fürther die perfekte Ergänzung des Strafraumstürmers Träg.

Die Offensiv-Cracks aus Fürth und Nürnberg bringen es zwar alle zu mehreren Berufungen in die Nationalmannschaft, doch aus unerfindlichen Gründen tritt der „Traumsturm" Auer-Franz-Seiderer-Träg-Sutor nicht ein einziges Mal gemeinsam an. Und während Franz und Träg in den Endrundenspielen der Deutschen Meisterschaft zwischen 1920 und 1931 eine beeindruckende Bilanz vorlegen können – Franz bringt es in 20 Spielen auf 26 Tore, Träg in 18 Einsätzen auf deren 16 -, können beide im Nationaldress nur selten überzeugen. Franz spielt nur gut, wenn Auer dabei ist, Träg ist in der Regel harmlos, wenn die Pässe Sutors fehlen.

Während seiner gesamten Karriere ist Heiner Träg berühmt-berüchtigt dafür, sich mit Zuschauern, Gegenspielern und Schiedsrichtern anzulegen. Häufig bewegt er sich, insbesondere, wenn der berühmte Peco Bauwens pfeift, am Rande eines Platzverweises. Bleiben in einem Spiel verwertbare Vorlagen aus, dann bedenkt er auch seine Mitspieler mit Schimpfkanonaden.

Aus ganz anderem Holz ist da Resi Franz geschnitzt. Auch in brenzligen Situationen immer besonnen und fair, erhält er während seiner gesamten Karriere keine einzige Verwarnung. Während Franz im Endspiel 1926 gegen Hertha BSC höchstpersönlich zum Schiedsrichter geht, damit dieser ein soeben von ihm irregulär mit der Hand erzieltes Tor annulliere, wird Heiner Träg im Jahr darauf , als der Endspielgegner wiederum Hertha BSC heißt, nach grobem Spiel und wütender Meckerei – es handelt sich um das Götz-Zitat – vom Platz gestellt.

Guter Resi, böser Heiner, könnte man also sagen. Eine Moral von der Geschicht' lässt sich allerdings schwer ziehen - denn zu mehrfachen Meisterehren bringen es beide.

Ab 1920, Nürnberg/Fürth
Das Ringen der Rivalen – Kalb und Leinberger

„Bester Mann des Club und Deutschlands bester Mittelläufer" (Richard Kirn), "bester deutscher Fußballer seiner Zeit" (Sepp Herberger) - so und ähnlich lauten die Urteile der Experten über den kraftstrotzenden Riesen Hans Kalb, der nicht nur als souveräner Abwehrchef, sondern auch als umsichtiger Dirigent des Clubspiels zu überzeugen weiß.

In der Defensive glänzt der am 3. August 1899 geborene und 1,85 Meter große Mittelläufer, der von 1920 bis 1927 im weinroten Clubtrikot fünf Deutsche Meisterschaften erringt, mit hervorragendem Kopfballspiel und unerbittlicher Härte, in der Offensive ist er aufgrund seines ausgeprägten taktischen Verständnisses und seiner Ballfertigkeit der unumschränkte Mittelpunkt des berühmten Nürnberger Flachpassspiels. Da in den Glanzzeiten des 1. FCN die Qualität des Clubspiels mit Kalb steht oder fällt, macht schon bald der Satz die Runde: „Club ohne Kalb - halb." Im Jahr 1922 fällt der Mittelläufer kurz vor den Endspielen wegen eines Schienbeinbruchs aus und prompt kann sich der Club gegen den Hamburger SV nicht durchsetzen.

Kalb vermag Spiele ganz allein zu entscheiden. Alle Gegner haben Respekt vor dem überragenden Spielmacher des Club, gefürchtet aber ist der hünenhafte „Dokter" - Kalb legt 1927 sein Staatsexamen in Zahnmedizin ab - vor allem wegen seiner beeindruckenden „Kanonenschüsse": Wenn er zu einem seiner Freistöße Anlauf nimmt, die er mit ungeheurer Wucht abzufeuern pflegt, gehen alle vor Schreck in Deckung.

Ein weiteres unverwechselbares Markenzeichen Kalbs ist die seiner Figur entsprechende Stimmgewalt. Er brüllt seine Mitspieler an, zankt sich mit dem Schiedsrichter oder streitet mit dem Publikum. Als der streitbare und trinkfreudige Mann am Ende seiner langen Karriere – 681 Spiele für den Club – mehr mit seinem Körpergewicht als mit den Gegnern zu kämpfen hat, ist er auch da um die entsprechenden Worte nicht verlegen: „Lieber langsam und gescheit als schnell und dumm".

In der Nationalmannschaft ist der Zahnarzt, trotz 15 Einsätzen und mehreren Berufungen zum Kapitän, wegen seiner „mangelnden Spritzigkeit" nicht

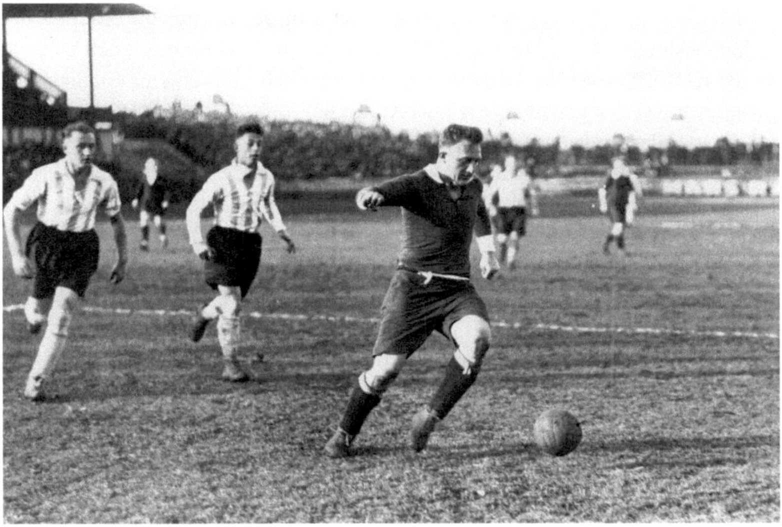

Hans Kalb, der hünenhafte Mittelläufer des 1. FCN treibt den Ball.

immer unumstritten. Sein größter Konkurrent wohnt gleich nebenan: Ludwig Leinberger von der SpVgg Fürth. Wie der Hüne Kalb versteht auch er es, seine Mitspieler anzuführen und mitzureißen. Im Gegensatz zu dem kraftstrotzenden Nürnberger, dessen Spiel von weiten Pässen lebt, die er meist aus dem Stand schlägt, ist der Fürther, von allen nur „Habberer" genannt, ein konditions- und laufstarker Meister des kurzen Passes.

Leinberger benötigt einen langen Atem, bis er seinen ewigen Konkurrenten endlich ausschalten kann. Der gebürtige Nürnberger beginnt seine Karriere 1912 beim TV 1846, wechselt 1920 zu Johannis, und will dann eigentlich zum Club. Als man ihm dort zu verstehen gibt, dass man bereits einen starken Mittelläufer und daher seine Dienste nicht nötig habe, schließt er sich trotzig der SpVgg Fürth an. Dort macht der „Habberer" nun Karriere und führt sein Team zu Siegen über den Club und 1926 zur Meisterschaft. Wenig später erhält er eine Berufung ins Nationalteam – und trifft dort wieder auf seinen alten Rivalen.

„Ein Fürther Spieler, aber ein Nürnberger Kind. Schwer war für ihn der Weg zur Höhe", schreibt Nationaltrainer Otto Nerz nicht zu Unrecht. Denn auch in der Nationalmannschaft bekommt Kalb den Vorzug als Mittelläufer. Wenn beide gemeinsam auflaufen, muss der „Habberer" mit dem Posten des linken Läufers Vorlieb nehmen. Bei der Olympiade 1928 in Amsterdam klappt das auch zunächst gar nicht schlecht. Gegen die Schweiz gewinnt man 4:0.

Dann aber kommt im nächsten Spiel die damalige Übermannschaft aus Uruguay. In der 36. Minute gehen die Urus mit 1:0 in Führung, kurz darauf wird Kalb wegen Meckerns vom Platz gestellt. In der Konfusion erhöhen die Südamerikaner auf 2:0. Das skandalumwitterte Spiel, bei dem es noch zu zwei weiteren Platzverweisen kommt, endet schließlich mit einem 4:1-Sieg der Uruguayer um den genialen José Luis Andrade.

Kalb, der das Ende des Spiels in einem „Arrestlokal" erleben muss, verdrückt sich noch am selben Tag grußlos aus Amsterdam. Seine internationale Karriere ist damit beendet. Im nächsten Länderspiel, das am 16. September ausgerechnet in Nürnberg stattfindet, läuft der nun konkurrenzlose Ludwig Leinberger auf der Position des Mittelläufers ein. Dieses 2:1 gegen die Dänen ist sein fünftes Länderspiel, bis 1933 sollen noch 19 weitere folgen.

Vor der Olympiade hatte ein Journalist die Qualitäten von Leinberger und Kalb gewogen, hatte viel Positives für den Club-Crack ausgemacht, aber am Ende war er zu folgender Einschätzung gekommen: „Doch eines hat der Fürther dem Nürnberger voraus: Während der Nürnberger konstant seine Leistungen zu bringen versucht, ist ein Fürther darauf bedacht, konstant starke Leistungen zu bringen und darüber hinaus seine Form stetig zu verbessern." Ein jugendlich-frischer Ludwig Leinberger führt die Fürther 1929 im DM-Endspiel zu einem 3:2-Sieg gegen Hertha BSC Berlin, der von einem übergewichtigen Hans Kalb dirigierte Club jedoch geht 1930 im Halbfinale gegen dieselbe Hertha mit 3:6 unter.

1927, Hof
Die „Panzer-Elf"

Der torgefährliche Mittelstürmer des FC Bayern Hof, Karl Panzer, ist der bedeutendste Fußballer der Textil- und Bierstadt in der Zeit vor dem Zweiten Weltkrieg. Mit Panzer steigen die Hofer 1927 in die Bezirksliga Nordbayern auf, 1929/30 gelingen ihnen gleich zwei Siege gegen den 1. FCN. Am 25. August 1929 gewinnt der FC Bayern im Zabo vor 3.000 Zuschauern mit 2:1. Beide Tore gehen auf das Konto von Karl Panzer. Der „Kicker" schreibt: „Die Sensation im Zabo! Wir wollen ehrlich sein, die Hofer Gäste haben den Sieg verdient. Als die eifrigere Mannschaft und mit dem vollen Einsatz eines jeden einzelnen verkörperten sie einen großen Gegner."

Beim 2:0 auf der heimischen „Grünen Au" ist der wuchtige Mittelstürmer vor der damaligen Rekordkulisse von 7.000 Zuschauern erneut die wichtigste Stütze der Gelb-Schwarzen. Danach haben die Hofer ihren Spitznamen weg: „Panzer-Elf". Und Karl Panzer bleibt auch weiterhin ein „Schrecken der Torhüter" ("Fußball-Woche").

S. 33: Karl Panzer bei einem Auswahlspiel Nordbayern gegen Südbayern. Bildunterschrift des „Kicker": „Eine wunderbare Schusshaltung des Hofer Mittelstürmers Panzer."

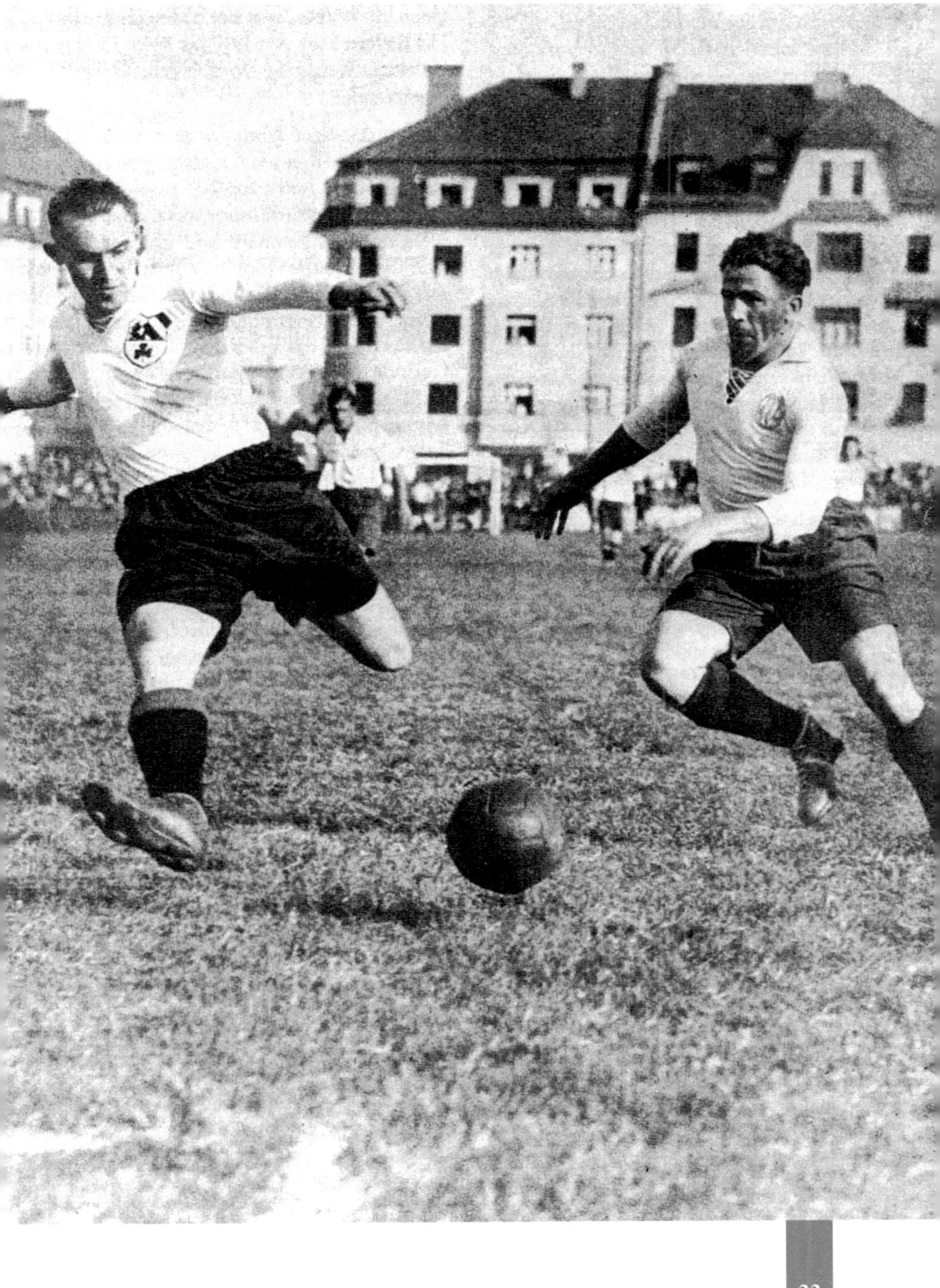

In der Saison 1930/31 gibt es erneut einen 2:1-Sieg gegen den 1. FCN. Drei Siege gegen den Club in Folge! Kein Wunder, dass man beim Club über den „unsicheren Schuss“ der eigenen Stürmer jammert. Heiner Stuhlfauth, so berichtet Panzer selbst, habe nach jedem Spiel gegen die Hofer gesagt: „Ja, wenn wir solche Stürmer hätten wie den Panzer!“

Panzers Qualitäten bleiben natürlich auch außerhalb der fränkischen Landesgrenzen nicht unentdeckt. So schreibt zum Beispiel die Berliner „Fußball-Woche“, dass er „ein kolossal kräftig gewachsener Stürmer von großer Durchschlags- und Schusskraft“ sei. Viele Vereine locken den Goalgetter mit großen Versprechungen. Doch Panzer bleibt standhaft: „Bei mir war nichts zu machen. Ich war viel zu fest mit meinem Verein verwachsen.“

Obwohl er in vielen Blättern „als kommender Mann in der deutschen Nationalmannschaft“ empfohlen wird, erhält er keine einzige Berufung. Zunächst kann er wegen seiner Tätigkeit als Schriftsetzer bei einer Tageszeitung Einladungen zu DFB-Lehrgängen nicht wahrnehmen, und als er dann doch einmal auftaucht, kommt er mit der altpreußisch-militärischen Disziplin, die der damalige Trainer der deutschen Nationalmannschaft, Prof. Dr. Otto Nerz, seinen Schützlingen abverlangt, überhaupt nicht klar. So muss sich Panzer mit einigen Auftritten in der Auswahl Süddeutschlands begnügen.

Nach dem Ende seiner aktiven Karriere ist er einige Zeit Vereinsvorsitzender. Als Mitglied der Sänger-Abteilung des FC Bayern verfasst er ein Klub-Lied, das seinem Lebensmotto vollkommen entspricht: „Bayern Treue“.

Ab 1920, Jenseits des DFB
Die unbekannte Hochburg

Zwischen den beiden Weltkriegen werden Fußball-Meisterschaften nicht nur unter der Schirmherrschaft des DFB durchgeführt. Wichtigster der konkurrierenden Verbände ist der aus dem Arbeiter-Turner-Bund hervorgegangene Arbeiter-Turn-und-Sportbund (ATSB), der ab 1920 Fußballmeisterschaften organisiert.

Auch von der Deutschen Turnerschaft (DT) werden Fußball-Meisterschaften veranstaltet. Seit 1923, als mit der sogenannten „reinlichen Scheidung“ die Trennung zwischen Turnen und Sport verfügt ist, sind die Fußballabteilungen von Turnvereinen gezwungen, entweder am Spielbetrieb der DT teilzunehmen, oder aber ihren Stammverein zu verlassen und einen separaten Verein zu gründen.

So wird zum Beispiel die Fußballabteilung des TV 1846 Nürnberg (die vorübergehend unter dem Namen VfB Nürnberg antritt) als SV Franken Nürnberg eigenständig und bleibt beim DFB, der MTV Fürth hingegen, der Verein des Klasseverteidigers und ehemaligen DFB-Nationalspielers Hans

Lohneis, nimmt an der seit 1924/25 durchgeführten Meisterschaft der DT teil. Als dritte Kraft des Fußballs in der Weimarer Republik ist schließlich noch der 1920 gegründete katholische Reichsverband „Deutsche Jugendkraft" (DJK) zu nennen, der bis zu seiner Auflösung 1935 ebenfalls sporadisch eine Meisterschaft durchführt.

Die Bedeutung des DFB erreicht allerdings keiner dieser Verbände. Ernsthaftester Konkurrent ist der ATSB, der sogar eine eigene Nationalmannschaft aufstellt. ATSB-Vereine sind durchaus in der Lage, mit DFB-Vereinen zu konkurrieren. So kickt z.B. beim SC Lorbeer 06 Hamburg, dem ATSB-Meister von 1929, ein Star wie Erwin Seeler, der Vater von „Uns Uwe". Aber selbst der ATSB bringt es im Jahr 1920, als der DFB bereits über 500.000 Mitglieder zählt, lediglich auf knapp 50.000. 1931 lautet das Verhältnis 1,5 Millionen zu 140.000.

Eine große Anteilnahme des Publikums finden die Meisterschaften der anderen Verbände dennoch. Vereine aus Nürnberg/Fürth sind in diesen Wettbewerben ähnlich erfolgreich wie die SpVgg Fürth und der 1. FCN in der DFB-Meisterschaft, so dass der Spruch von der „Fußball-Hochburg Nürnberg/Fürth" auf allen Ebenen seine Berechtigung findet.

In den Meisterlisten der Deutschen Turnerschaft taucht in den Jahren 1925 und 1926 der MTV Fürth auf. Zwischen 1919 und 1923 hatte er in der Nordbayern-Liga des Süddeutschen Fußballverbandes ein gute Rolle gespielt, der Vorstand des Vereins hatte sich dann jedoch entschlossen, an der Meisterrunde der Deutschen Turnerschaft teilzunehmen.

Ähnlich erfolgreich ist die DJK Sparta Nürnberg. 1927 erringen die „Spartaner" in Köln mit einem 6:1 über Hochberg-Heide den Meistertitel der Deutschen Jugendkraft. Dafür, dass dies damals nicht als Nebensächlichkeit gilt, spricht die Zahl der Zuschauer: 40.000 wollen dieses Finale sehen. Das sind genauso viele wie im Jahr zuvor beim DFB-Endspiel in Frankfurt. 1932 kann die DJK Sparta diesen Erfolg wiederholen. Der Verein, der 1934 in Sportclub Sparta umbenannt wird und sich 1939 dem TV Jahn 1863 anschließt, wird 1950 neu gegründet und fusioniert später mit der DJK Noris zur DJK Sparta Noris.

Auch in der ATSB-Meisterschaft sind Vereine aus Nürnberg und Fürth äußerst erfolgreich. Erster ATSB-Meister überhaupt wird 1920 Tuspo Fürth, dessen Spieler, ganz so wie die Konkurrenten von der bürgerlichen Spielvereinigung, mit dem Kleeblatt auf der Brust auflaufen. 1927 gelangt der TuS Nürnberg-West, der Nachfolgeverein des TV Seeleinsbühl von 1891, ins Endspiel, das allerdings mit 1:4 gegen den Dresdner SV verloren geht.

1930 macht es der aus dem TV Jobst-Erlenstegen hervorgegangene TuS Nürnberg-Ost vor 18.000 Zuschauern im Städtischen Stadion Nürnberg besser und entscheidet das Finale gegen den Bahrenfelder SV souverän mit 6:1 für sich. Im 13. und letzten ATSB-Endspiel 1932 werden die „Oster"- erneut in Nürnberg, diesmal vor 30.000 Zuschauern - mit einem 4:1 über Cottbus 1893 nochmals Meister.

Nach der Machtergreifung der Nationalsozialisten im Jahr 1933 werden Organisationen wie der ATSB und die DJK zerschlagen und alle Vereine im Reich gleichgeschaltet. Viele Mitglieder der ATSB-Vereine schließen sich nun DFB-Vereinen an.

Erst nach 1945 können etliche der aufgelösten Vereine, nun als DFB-Klubs, neu gegründet werden, so z.B. Tuspo Fürth, TuS Nürnberg-West (1948 als ESV Nürnberg-West Fürth) und TuS Nürnberg-Ost (1945 als SpVg Nürnberg-Ost). Die „Wester" fusionieren 1998 mit dem FSV Gostenhof 1883 zur SG 1883 Nürnberg-Fürth, die „Oster" gehen im Jahr 2000 mit dem SB Morgenrot-Mögeldorf in der SpVgg Mögeldorf 2000 auf. Auch ein Klub wie die SpVgg Bayreuth, 1921 als ATSB-Verein gegründet und mehrmals Bezirksmeister, unternimmt nach 1945 als DFB-Verein einen neuen Anlauf, fußballerische Erfolge zu erringen.

1933 – 1945
FUSSBALL UNTERM HAKENKREUZ

Ab 1932, Deutschland
Jagd auf jüdische Fußballer

„Der 1. Fußballclub Nürnberg geht am Juden zugrunde." Geschickt nutzt das antisemitische Hetzblatt „Der Stürmer" von Frankenführer Julius Streicher das Ausscheiden des Club im Rennen um die deutsche Meisterschaft, um im August 1932 gegen Jenö Konrad Stimmung zu machen. Der jüdische Trainer des 1.FCN ist den aufstrebenden Nationalsozialisten um Streicher ein Dorn im Auge: „Ein Jude ist ja auch als wahrer Sportsmann nicht denkbar. Er ist nicht dazu gebaut mit seiner abnormen und missratenen Gestalt ... Klub! Besinn Dich und wache auf. Gib Deinem Trainer eine Fahrkarte nach Jerusalem."

Jenö Konrad, erst zwei Jahre zuvor von der Vereinsführung engagiert, überlegt nicht sehr lange. In der Nacht vom 5. auf den 6. August packt der ehemalige Budapester Meisterspieler, der 1924 als Mittelläufer mit Austria Wien österreichischer Meister wurde, seine Koffer. Er verlässt mit Frau und Tochter Nürnberg. „Ich bin in meiner Person beschimpft worden...Nach reiflicher Überlegung entschloss ich mich, sofort zu gehen", schreibt Konrad dem Vereinsvorstand. Per Eisenbahn geht es zunächst nach Wien.

„Der Stürmer" vermeldet in der nächsten Ausgabe seinen Erfolg. „Jud Konrad ist abgedampft." Der 1. FCN habe den „Abzug des beschnittenen Trainers genehmigt" und sei „anscheinend froh, den Fremdrassigen so schnell und glimpflich wegzubekommen".

Im Gegensatz zum „Stürmer" ist der Club-Vorstand von Konrads überstürzter Abreise nicht begeistert. „Die Bemühungen der Vereinsleitung ihn zum Bleiben zu veranlassen, sind ohne Erfolg gewesen", heißt es in der Vereinszeitung. Hans Kalb, ein enger Freund der Familie Konrad, bittet den Trainer, nicht auf „das Bellen dieses Gesindels zu hören" – vergebens. Vereinsvize Karl Müller verabschiedet Konrad als „untadeligen Menschen, dem bitteres Unrecht angetan worden ist, an dem der Verein kein Teil hat".

Für Konrad beginnt nach seiner Flucht aus Nürnberg eine regelrechte Odyssee. Zunächst lebt er in Wien, trainiert dann den tschechischen Verein FC Brünn und von 1936 bis 1938 den Unione Sportiva di Trieste. Die antisemitischen Gesetze Mussolinis zwingen ihn, Triest Richtung Budapest zu verlassen. Die nächste Station ist Lille, dann Lissabon.

Im Mai 1940 flüchtet Konrad mit seiner Familie auf dem kleinen Frachtschiff „San Miguel" nach Amerika. Er arbeitet in New York in einer Nähmaschinenfabrik und stirbt 1978 nach einem Herzanfall. Während Konrad den Siegeszug der Nationalsozialisten und den Holocaust vorausahnte, verschloss der Fürther Nationalspieler Julius Hirsch seine Augen vor der politischen Entwicklung und wies jeglichen Fluchtgedanken weit von sich. Zwischen 1911 und 1913 hatte Hirsch als erster jüdischer Fußballer überhaupt sieben Länderspiele für Deutschland absolviert, vier als Mitglied des Karlsruher Fußballvereins und drei für die Spielvereinigung Fürth. Der kleine schnelle Stürmer hatte 1925 seine Laufbahn beendet.

Dem Ausschluss aus dem Karlsruher FV kommt er am 10. April 1933 mit seinem Austritt zuvor: „Ich lese heute im Sportbericht Stuttgart, dass die großen Vereine, darunter auch der KFV einen Entschluss gefasst haben, dass die Juden aus den Sportvereinen zu entfernen seien. Leider muss ich nun bewegten Herzens meinem lieben KFV, dem ich seit 1902 angehöre, meinen Austritt anzeigen", schreibt er dem Vorstand.

Als sein Arbeitgeber, ein Sportartikel-Hersteller, pleitegeht, verliert Hirsch auch noch seinen Arbeitsplatz. Nach einem kurzen Intermezzo als Trainer im Elsaß kommt er als Hilfslohnbuchhalter in einer jüdischen Firma in Ettlingen-Maxau unter. Als die Firma arisiert wird, ist Hirsch erneut arbeitslos. Seine Versuche mittels Anzeigen im „Kicker" eine Stelle als Trainer zu finden, sind vergebens. Seine Lage wird zusehends trostloser. Im Juli 1938 springt er aus dem fahrenden Zug und wird in eine psychiatrische Klinik eingeliefert.

Nach der Reichspogromnacht reicht er, um seine evangelische Frau zu schützen, die Scheidung ein. Hirsch wird vom Tiefbauamt Karlsruhe als Hilfsarbeiter auf einem Schuttplatz arbeitsverpflichtet. Noch im Februar 1943 weist er das Angebot eines befreundeten Lokführers, ihn aus Deutschland wegzubringen, zurück. Am 1. März 1943 wird Hirsch nach Auschwitz deportiert. Das Amtsgericht Karlsruhe erklärt ihn 1950 mit Datum vom 8. Mai 1945 für tot.

Mehr Glück als Hirsch hatte der jüdische Außenstürmer Menachem Zimmet, der in den Schüler- und Jugendmannschaften der Spielvereinigung Fürth kickte. Der wendige, trickreiche Spieler stand auf dem Sprung in die erste Mannschaft, in der auch Alfred Froschauer, von seinen Mitspielern „Frusch" genannt, seit 1938 als linker Verteidiger seinen Stammplatz innehatte. Zimmet war Halbwaise, wohnte mit seinem Vater und vier Schwestern in Fürth. Jede freie Minute kickte er mit den Jungs vom jüdischen Waisenhaus im Hof der Julienstraße, wo seine beiden jüngsten Schwestern Lea und Gidel wohnten.

Im August 1933 beschloss die „Gleichschaltungsversammlung der Spielvereinigung" den Hinauswurf jüdischer Mitglieder und nahm in der gleichen Sitzung NSDAP-Gauleiter Albert Forster zum Ehrenmitglied auf. Zimmet konnte, gedeckt von den Jugendtrainern, weiterhin in der Jugendmannschaft der SpVgg mit trainieren. „Bis 1935 haben wir ihn gehalten", berichtet Froschauer, der den jungen dunkelhäutigen Stürmer ins Herz geschlossen hatte.

Dann aber wurde die antisemitische Hetze immer stärker, das Klima immer aggressiver. Nach der Reichspogromnacht redete Froschauer dem jungen Mann ins Gewissen. „Ich versuchte ihn zur Flucht zu überreden. 'Jetzt wird's kritisch, es wird Zeit, dass du aus Deutschland verschwindest', habe ich ihm gesagt und Gott sei Dank ist er dann auch geflohen", erinnert sich der heute 85-jährige Froschauer.

Zimmet nahm den Rat an und überlebte. Mit Hilfe von jüdischen Freunden verließ er Deutschland und schlug sich nach Amerika durch. Dort soll er, so Froschauer, „ein reicher Industrieller" geworden sein.

1933, Bayreuth
Vereinsauflösung in Bayreuth

Im März 1933, wenige Wochen nach der Machtergreifung der Nationalsozialisten, wird der Arbeitersportverein SpVgg Bayreuth, der wie alle anderen ATSB-Vereine auch als eine „Brutstätte des Widerstands" gilt, aufgelöst. Das Vereinsgelände wird versiegelt und später abgebrochen, das Vermögen beschlagnahmt. Mit dem Inventar werden auch alle Unterlagen konfisziert.

Nur an die Barmittel kommen die neuen Machthaber nicht heran. In der Kasse befinden sich zwar lediglich 40 Reichsmark, aber wenigstens die kann man dem Zugriff entziehen: Nachts versammelt sich die Vorstandschaft in einem Kornacker unweit der Ackerbauschule und teilt die kleine Summe unter sich auf.

Nach der Auflösung wird ein neuer Verein gegründet, der FSV Bayreuth. Es ist ein „gleichgeschalteter" Verein, eingegliedert in den NS-Sportbund und den von der NSDAP bestimmten Vorgaben unterworfen. Dementsprechend stehen im Vereinsleben die Partei und die Politik im Vordergrund.

Von wenigen Ausnahmen abgesehen können sich die alten Vereinsmitglieder mit dem neuen FSV nicht identifizieren. Viele Spieler wechseln zu anderen Vereinen, Funktionäre resignieren, weil sie keine Perspektiven mehr sehen, für die meisten Anhänger ist das neue Gebilde nicht mehr „ihr" Verein. Nicht einmal die Trikotfarben – man spielt in Grün-Weiß statt in Gelb-Schwarz – sind geblieben.

(Nach Herbert Nägel, Festschrift zum 75jährigen Jubiläum der SpVgg Bayreuth.)

Ab 1930, Schweinfurt
Ein Bub bei den „Schnüdeln"

„Schnüdel" heißen die Fußballer von Schweinfurt 05 schon um 1930, als sie noch auf dem alten Nullfünfer-Platz am Sennfelder Bahnhof antreten. Und schon damals haben sie viele Fans, die von weit her kommen, so zum Beispiel den

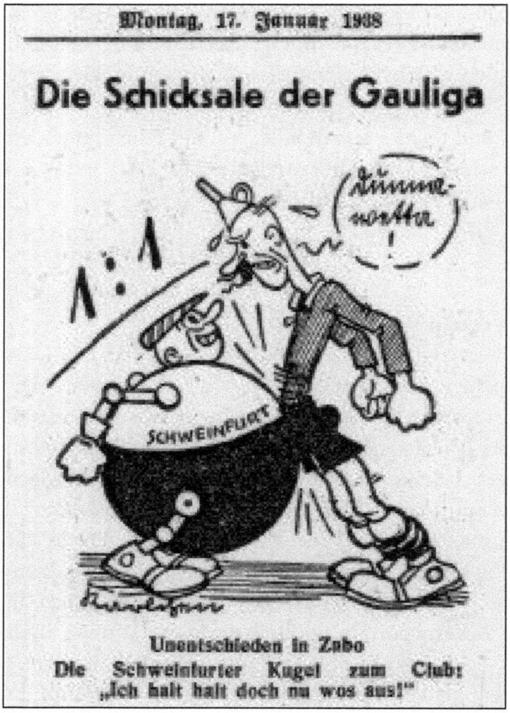

In den Karikaturen werden die Schweinfurter „Schnüdel“ als Kugel dargestellt (zum 1:1 der „Kugellagerstädter“ am 16. Januar 1938 im Nürnberger Zabo).

damals neunjährigen Hans Hauck und seine Freunde aus Oberndorf. Regelmäßig wandern sie zu den Heimspielen der „Schnüdel“ und passieren dabei die „Industriedenkmäler“ der Kugellager-Stadt.

Der Weg führt sie vorbei am Bretterzaun der Vereinigten Kugellager-Fabriken (ehemals Fries und Höpfinger), hinter der Gerolzhöfer Eisenbahnbrücke gucken sie „mit Neugier und Schaudern in die Tiefe des betonierten kleinen Hafenbeckens am Main“ und trotten auf dem holprigen Pflaster des Mainpfades zum Städtischen Elektrizitätswerk, der ehemaligen Kugelschleifmühle des Friedrich Fischer, auch „Kugelfischer“ genannt. Über die Ludwigs- und Maxbrücke erreichen sie endlich den Nullfünfer-Platz.

Den Jungen – oder „Buben“, wie es damals heißt - kommt der einfache Aschenplatz mit seiner kleinen Holztribüne recht gepflegt und vornehm vor. Sie drücken sich an die Rohrstangen des Platzgeländers und passen auf, dass ihnen die Sonne in den Rücken scheint. So entgeht ihnen keine Szene von den Spielen, die sie mal mit Jubel und mal mit Jammer verfolgen. Den Männern ringsherum hören sie begierig zu. Da wird über Schalke gefachsimpelt und über den Club.

Die Kinder träumen davon, auch einmal bei einem Auswärtsspiel dabei zu sein und eine der großen Städte kennenzulernen. Doch das bleibt Utopie. Und so kauen sie ihren Kanten Karo - ein Stück trockenes Brot - und tauschen, als Ersatz für die verschlossene große Fußball-Welt, die begehrten Fußballerbildchen aus den „Greiling“-Zigarettenschachteln.

(Nach einer Schilderung des 76-jährigen Oberndorfers Hans Hauck im Fanzine „Der Grabfelder“, 1997)

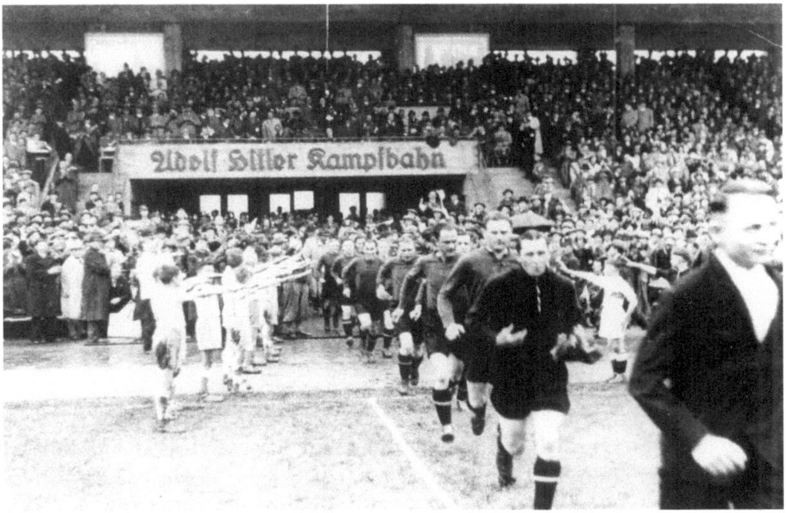

DM-Halbfinale 1. FCN gegen Schalke 04 am 8. Juni 1936 in der „Adolf-Hitler-Kampfbahn" in Stuttgart.

1934, Nürnberg
Schorsch Friedel, der „Schalke-Schreck"

1934, als es gegen die Gelsenkirchener im Berliner Poststadion um die Deutsche Meisterschaft geht, bringt der erst 19-jährige Mittelstürmer Georg Friedel den Club mit einem platzierten Schuss aus der Drehung in Führung. Die hält bis zur 87. Minute, dann erst dreht Schalke das Spiel um und gewinnt seinen ersten Meistertitel.

Die Enttäuschung sitzt auch bei Friedel tief, doch er lässt sich nicht entmutigen. 1935 heißt der Club-Gegner im Pokalfinale wieder Schalke 04, und wieder ist Friedel zur Stelle. Das Düsseldorfer Rheinstadion ist mit 56.000 Zuschauern bis auf den letzten Platz ausverkauft, als Schiedsrichter Birlem das Spiel zwischen den beiden Erzrivalen aus Nürnberg und Gelsenkirchen anpfeift. Was sie zu sehen bekommen, ist zunächst nicht besonders erregend. Bei feuchtkaltem Wetter liefern beide Teams ein freudloses Gekicke ab, und als dann während der Halbzeit auch noch ein heftiges Schneetreiben einsetzt, ist die Stimmung im Stadion am Tiefpunkt. Doch nach dem Wiederanpfiff geht es plötzlich los. Ein Gewühl mit Eiberger und Friedel vor dem Schalker Tor, und der Ball ist drin. „Der Muckl Eiberger hat ihn reingemacht", erzählt Friedel nach dem Schlusspfiff, „ich habe nur mitgeholfen." Helfer beim 2:0 ist dann Schalkes Torwart Mellage. Er kann einen scharfen Schuss von Gußner nicht festhalten und Friedel staubt aus vier Metern ab.

Der Weg zur Deutschen Meisterschaft 1936 führt im Halbfinale wieder über Schalke 04. Und auch bei diesem Spiel in Stuttgart ist der hoch aufgeschossene und gertenschlanke Mittelstürmer wieder erfolgreich. Bei strömendem Regen zeigt der Club in der mit 80.000 Zuschauern vollgepfropften „Adolf-Hitler-Kampfbahn“ in Stuttgart ein kompromissloses und überlegen geführtes Spiel.

Per Drehschuss markiert Friedel in der 54. Minute das 1:0. Sechs Minuten vor dem Abpfiff schlägt der Mittelstürmer erneut zu. Insgesamt gelingen dem „Schorsch“ im Trikot des Club über 400 Treffer, aber berühmt wird er durch seine Tore gegen Schalke – eben als „Schalke-Schreck“.

Ab 1913, Deutschland
Bumbes Schmidt, der Meistermacher

Nach drei Meisterschaften für den Club und insgesamt 16 Länderspielen beendet Hans „Bumbes“ Schmidt im Jahr 1929 seine aktive Laufbahn. Der 1893 in Fürth geborene „Bumbes“ (fränk. für „Fürzchen“) gehörte auf dem Schießanger zu den ersten überhaupt, die in Franken gegen einen Ball traten. Im Mai 1913 bestritt er sein erstes Länderspiel, 1914 hatte er es auf seinem Stammplatz - rechter Läufer - erstmals zu Meisterehren gebracht.

Nach drei Jahren beim TV 1860 Fürth war er, als er 1922 in den Zabo wechselte, sowohl als zäher und drahtiger Außenläufer wie als versierter Kartenspieler eine wesentliche Verstärkung für den 1. FC Nürnberg. Wie ein „überglückliches Kind“ fühlte er sich nach einem seiner größten Spiele, als ein überragender Club die berühmte Sparta am 1. Oktober 1922 in Prag mit 3:0 vom Platz fegte.

Vielen Zeitgenossen galt das lauf- und kampfstarke Konditionswunder als der wahre „Meistermacher“ des Club. Schmidt spielte, wie es in der Fachpresse hieß, „produktiv ohne viel Finessen“ und trat meist als „die Uneigennützigkeit und Zweckmäßigkeit in Person“ auf. Bis zur letzten Minute kämpfte er unermüdlich und erlief für die weniger laufstarken Riegel und Kalb jeden Ball.

In den 30er Jahren startet der vierfache Meister nun eine zweite Karriere als Trainer. Sie führt ihn zunächst in den Ruhrpott. 1933 ist er gerade bei Schwarz-Weiß Essen tätig, als sich in Schalke nach der Finalniederlage gegen Düsseldorf Trainer Kurt Otto verabschiedet. „Bumbes“ Schmidt wird sein Nachfolger. Anders als sein Vorgänger ist er kein Theoretiker, sondern einer, der seine große Erfahrung praktisch auf dem Trainingsplatz zu vermitteln versteht.

Seine Sprache ist derb und sein Regime ist hart: Das Konditionstraining, das er seinen Spielern abverlangt, wird schnell berühmt und berüchtigt. Denn der Erfolg bleibt nicht aus. In Gelsenkirchen avanciert Schmidt zum bis dahin erfolgreichsten Trainer des deutschen Fußballs überhaupt: Zwischen 1934 und 1937 führt er die Schalker in sieben Endspielen zu drei Meisterschaften und einem Pokalsieg.

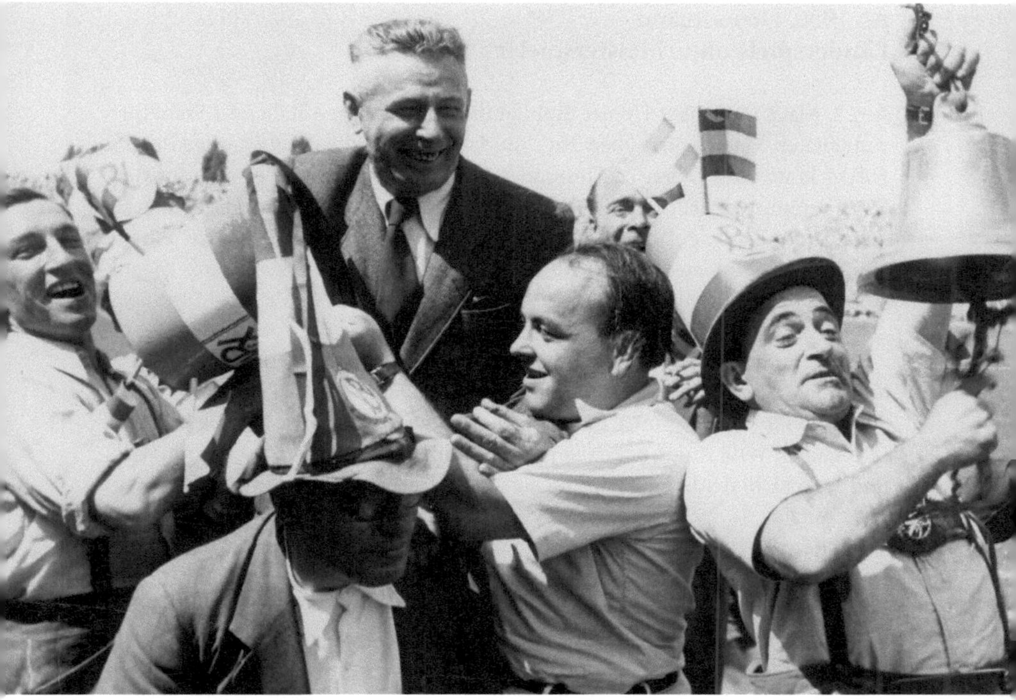

„Bumbes“ Schmidt bei seinem letzten Triumph, der Meisterschaft mit dem VfR Mannheim 1949.

Legendär wird das Bild des Trainers an der Seitenlinie: Unentwegt schimpfend und gestikulierend, und immer eine Zigarre zwischen den Lippen. 1938 verlässt er Schalke und wird bei etlichen anderen Vereinen als Trainer tätig, unter anderem zwischen 1942 und 1945 beim 1. FCN, wo er dem 16-jährigen Max Morlock zum ersten Einsatz verhilft. Morlock: „Nach dem Spiel sagte Bumbes kurz: 'War gut so, wird schon noch.' Wer den mit Lob sparsamen Haudegen kannte, wusste, dass dies schon etwas bedeutete.“

Auf Druck der Amerikaner muss das NSDAP-Mitglied Hans Schmidt den Club kurz nach Kriegsende verlassen. Er betreut kurzfristig den 1. FC Bamberg, dem er zum Aufstieg in die Oberliga Süd verhilft, und heuert dann beim VfR Mannheim an. Dort erweist er sich nochmals als Meistermacher. Die Anweisung, die er vor dem 3:2-Sieg im Endspiel gegen Borussia Dortmund ausgibt, ist kurz und prägnant: „So, ihr Arschlöcher, geht da raus und gewinnt!“

Es ist der letzte große Erfolg des bis in die 60er Jahre tätigen Trainers. Acht Meistertitel mit vier Vereinen, vier als Spieler und vier als Trainer, und das in einem Zeitraum von 35 Jahren – niemand kann diese Bilanz des am 31. Januar 1971 in seiner Heimatstadt Fürth gestorbenen „Bumbes“ toppen.

Ab 1930, Deutschland
Länderspiele ohne Meisterspieler

Am 2. März 1930 steht Heiner Stuhlfauth beim 0:2 gegen Italien in Frankfurt zum letzten Mal im deutschen Tor. Mit dabei sind auch „der grimmige Prinz", Fürths kraftvoller Defensiv-Allrounder Hans Hagen, der mittlerweile für den FSV Frankfurt kickende Ex-Fürther Georg Knöpfle, sowie der konditionsstarke Mittelläufer Ludwig Leinberger. „Sicherlich hätte er auch Talent zu einem Humoristen und solange er zur Nationalmannschaft gehört, wird es auf keiner Reise langweilig sein", äußert Reichstrainer Otto Nerz einmal über den „Habberer".

Mit Leinberger als Kapitän und Führungsspieler versucht Nerz in den folgenden Jahren einen Neuaufbau des Nationalteams und gibt vielen jungen Spielern eine Chance, unter ihnen etliche Talente des 1. FCN. Doch weder der Linksaußen Willi Kund, noch der rechte Flügel Josef Hornauer/Leonhard Weiß, und auch nicht der linke Läufer Richard „Tipfi" Oehm können ihre Chancen so recht nutzen.

Mit dem 24-fachen Nationalspieler Ludwig Leinberger gibt am 1. Januar 1933 nach dem 1:3 gegen Italien in Bologna der letzte „Überlebende" der großen Nürnberg-Fürther Ära der 20er Jahre seinen Abschied. Obwohl der 1. FCN zwischen 1934 und 1936 in drei Endspielen steht und zwei davon gewinnt, findet in dieser Zeit lediglich Verteidiger Andreas „Sterz" Munkert wiederholt in der sogenannten „Großdeutschen Nationalelf" Berücksichtigung. Weder bei der Weltmeisterschaft 1934 in Italien noch bei der Olympiade 1936 in Berlin kommen Fußballer aus der Noris zum Einsatz.

Die Franken, die nach der Olympiade Fußball-Geschichte schreiben, stammen nicht aus Nürnberg und Fürth, sondern aus Schweinfurt. Während Torjäger und Torhüter des 1. FCN, die beiden „Schorschs" Friedel und Köhl, jeweils nur einen Auftritt im Nationaldress haben, zählt das Schweinfurter Läufer-Duo Kitzinger/Kupfer zu den Stützen der berühmten „Breslau-Elf", die nach dem 8:0 gegen Dänemark am 16. Mai 1937 in Breslau in zehn Spielen ungeschlagen bleibt. Immerhin: Beim achten Spiel der Breslau-Elf, dem 1:1 gegen Ungarn am 20. März 1938 in Nürnberg, kommt auch ein Meisterspieler von 1936, Club-Verteidiger Willy „Billy" Billmann, zu seinem Debüt in der Nationalmannschaft.

Bei der WM 1938 in Frankreich steht Billmann dann nicht im Aufgebot, unter anderem deswegen, weil für das nach dem Anschluss Österreichs gebildete „großdeutsche" Team nur zur Hälfte „reichsdeutsche" Spieler nominiert sind. Dennoch mausert sich der kraftvolle Verteidiger, der vor allem mit seinem Kopfballspiel besticht, hinter den Schweinfurtern Kupfer und Kitzinger, die es zu je 44 Länderspiele bringen, zum erfolgreichsten fränkischen Nationalspieler dieser Zeit. Bis 1941 kommt er auf elf Berufungen, auf den Plätzen folgen Hans

Fiederer von der SpVgg Fürth (6 Einsätze, drei Tore zwischen 1939 und 1941) und Mittelläufer Wilhelm Sold, der als Clubspieler 1939 drei Länderspiele absolviert.

Billmann hätte - allerdings nicht als Billmann -, beinahe noch ein zwölftes Länderspiel bestritten. Wie das? Überliefert ist, nach Ludwig Maibohm, folgende Geschichte: Im April 1941 erhält Alfons Moog vom VfL 99 Köln von seinen militärischen Vorgesetzten keine Freigabe für das geplante Länderspiel gegen die Schweiz in Bern. So muss Billmann für ihn einspringen.

Das Problem ist: Für Billmann sind keine Ausreisepapiere ausgestellt. Die DFB-Delegation unter Führung von Georg Xandry versucht daher, Billmann unter dem Namen „Moog“ über die Grenze zu schmuggeln. Einzeln treten die Spieler an die Sperre. Der deutsche Grenzbeamte ist ein Fußballfan, der seine Helden genau kennt, selbstverständlich auch Billmann.

Alle sind bereits durch, nur der „Billy“ noch nicht. Der Schweizer Beamte hat die deutschen Pässe in der Hand und ruft die einzelnen Reisenden zu sich. Sein deutscher Kollege macht plötzlich riesengroße Augen, als der bei ihm stehende und sich mit ihm unterhaltende Billmann mit „Alfons Moog“ angesprochen und zum Grenzübertritt aufgefordert wird. Billmann/Moog kommt dann allerdings in Bern gar nicht zum Einsatz.

1934, Schweinfurt
Ein Nazi als Namengeber

Willy Sachs, schwedischer Honorarkonsul, Generaldirektor und alleiniger Besitzer der Firma Fichtel & Sachs in Schweinfurt, stiftet 1934 eine Million Reichsmark für die Errichtung des nach ihm benannten Stadions. Der vermögende Industrielle ist im „Dritten Reich“ jedoch nicht nur ein Wohltäter der Stadt Schweinfurt und des Vereins FC 05, sondern auch ein überzeugter Nationalsozialist, SS-Mitglied und Jagdfreund von Hermann Göring.

Ab 1942 lässt die Firma von Sachs Tausende von polnischen und russischen Zwangsarbeiterinnen für sich arbeiten, im Werk Wels (Oberösterreich) werden Häftlinge des KZ Mauthausen als Arbeitskräfte eingesetzt. Heinrich Himmler ernennt den Konsul 1943 zum „SS-Obersturmbannführer beim Stab des Reichsführers SS“. Durch den Buchautor Werner Skrentny („Das große Buch der deutschen Fußball-Stadien“, Verlag Die Werkstatt 2000) sind diese Fakten heute bundesweit bekannt. Während die 1999 gegründete „Initiative gegen das Vergessen – Zwangsarbeit in Schweinfurt“ eine sofortige Umbenennung der Spielstätte fordert, wollten die Verantwortlichen beim FC 05 nichts ändern. Motto: „Alles muss irgendwann vorbei sein“ (Geschäftstellenleiter Matthias Böhnke im Juli 2001 gegenüber dem „Spiegel“). So heißt das Stadion auch heute noch nach dem überzeugten Nationalsozialisten Willy Sachs.

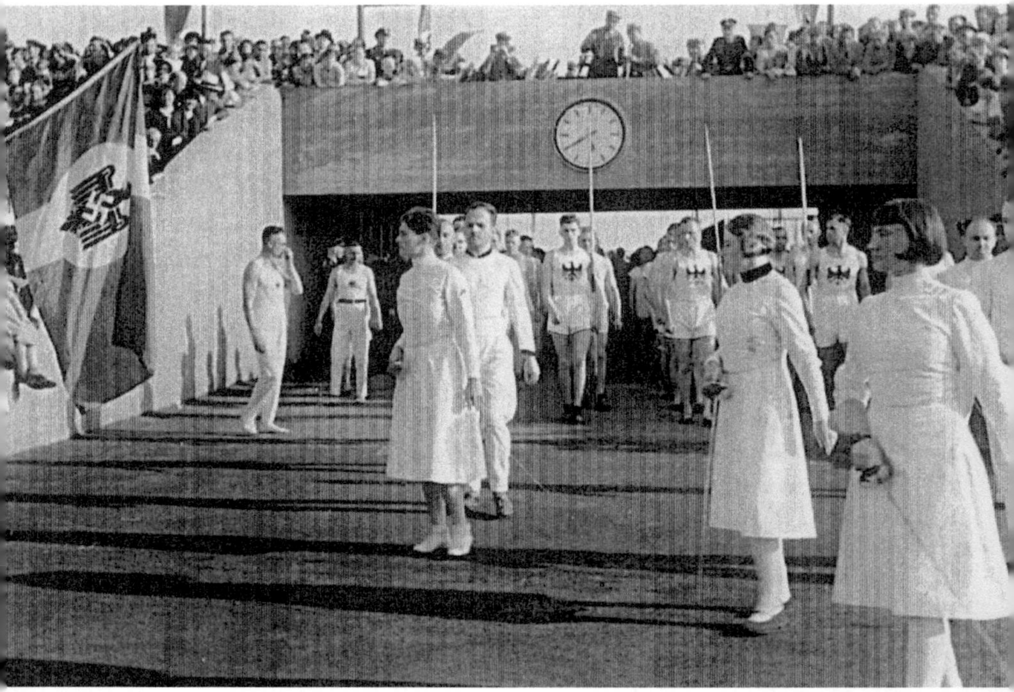

Eröffnung des Willy-Sachs-Stadions am 15. Juli 1936

1940, Frankreich
Soldatenelf Paris

Nach dem Beginn des Krieges werden von fußballbegeisterten Offizieren etliche Militärmannschaften ins Leben gerufen. Dabei sammeln sie nicht nur die besten Fußballer ihrer Einheiten, sondern werben darüber hinaus gute Spieler aus anderen Truppenteilen an. Das populärste dieser Teams ist die 1940 - kurz nach der Besetzung Frankreichs -, durch den schwäbischen Major Hermann gegründete „Soldatenelf Paris".

Herz der Mannschaft sind zwei Nationalspieler der Stuttgarter Kickers, Edmund Conen und Albert Sing. Nach dem Vorbild dieser Elf entstehen in Frankreich weitere Soldatenmannschaften. Schließlich wird sogar eine eigene „Meisterschaft des Westens" im K.O.-System ausgetragen. Beim Endspiel des Jahres 1942 zwischen der Pariser Soldatenelf und „Burgstern Noris" sind im Pariser Prinzenparkstadion 40.000 Zuschauer dabei. Noris führt bis kurz vor Schluss mit 2:1, dann schießt Albert Sing drei Tore zum 4:3-Sieg der Pariser. Burgstern Noris, dessen Division in der Bretagne stationiert ist, besteht

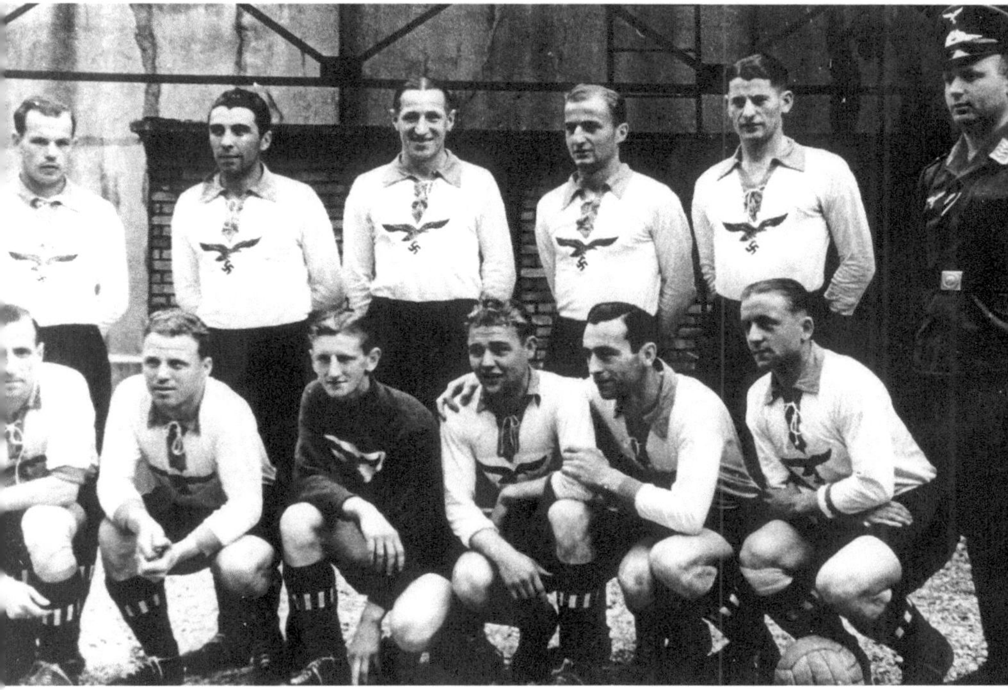

Hans Fiederer (SpVgg Fürth; oben: 5. v. l.)

fast ausschließlich aus fränkischen Spielern. Im Tor steht der spätere Club-Meisterkeeper Edi Schaffer, in der Abwehr spielt der Cluberer Abel Übelein, vorne stürmt sein Bruder Julius.

Aber auch auf der anderen Seite kickt ein Nürnberger mit: Heinz Carolin, der Mittelläufer der Meistermannschaft von 1936. Neben ihm wirken die beiden Schweinfurter Läufer Robert Bernard und Andreas Kupfer sowie auf dem linken Flügel von der SpVgg Fürth der Stürmer Hans Fiederer mit, der Neffe des früheren Fürther Nationalspielers Leo Fiederer.

Den sechsfachen Nationalspieler und späteren Chefredakteur des „Kicker" in Nürnberg trifft am 5. August 1942 ein schlimmes Schicksal. Als die Spieler auf der Aschenbahn eines kleinen Stadions in Paris eine Runde drehen, werfen französische Widerstandskämpfer plötzlich Handgranaten über eine Hecke. Mehrere Spieler kommen ums Leben, Fiederer selbst verliert sein rechtes Bein.

Die Frontsoldatenelf Burgstern Noris hat eines ihrer letzten großen Spiele im November 1942, als sie gegen die junge Club-Elf mit Helmut Herbolsheimer, Max Morlock, Alfred Pfänder und Max Eiberger mit 3:1 gewinnt. Anschließend werden die Soldatenmannschaften allmählich aufgelöst.

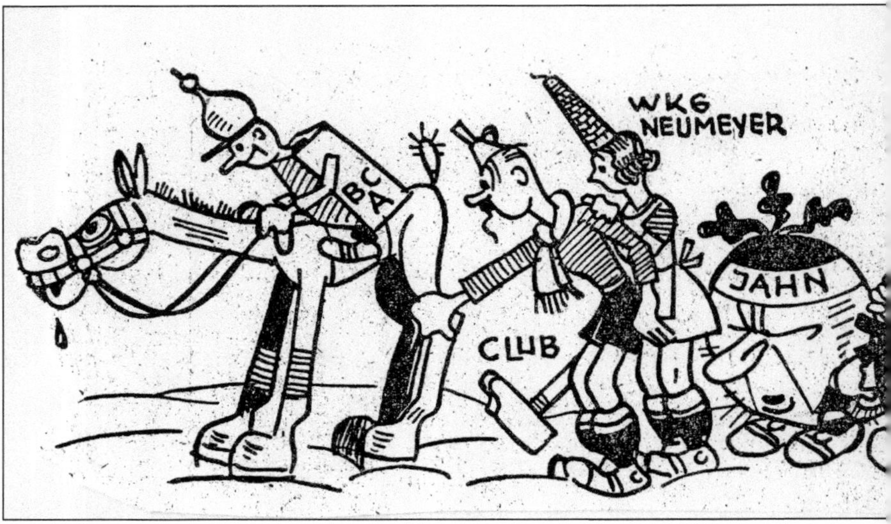

Der FSV Nürnberg als Schlusslicht in der Gauliga (Tageszeitungs-Karikatur)

1939, Nürnberg
Aufgabe wegen Spielermangel

Im Jahr 1939 feiert man beim FSV 1883 Nürnberg einen Sieg über den VfL Neustadt 07. Der Aufstieg in der höchste Liga, die Gauliga Bayern, ist perfekt. Ursache der neu gewonnenen Spielstärke des Vereins aus Nürnberg-Leyh ist die Aufnahme der Fußballer des 1933 verbotenen TV 1884 Gostenhof (ATSB-Meister von Nordbayern im Jahr 1932) sowie die Vereinigung mit dem Zweitligaverein „Ballspielclub 1921 Nürnberg".

Der Aufstiegsjubel hält jedoch nicht lange an. Weil der Verein mangels Geld das bestehende Vorkaufsrecht nicht wahrnehmen kann, muss der Vorstand machtlos mit ansehen, wie das Zirkusunternehmen Busch die schöne Sportplatzanlage erwirbt und auf dem Fußballrasen sein Winterlager errichtet. Die FSV-ler müssen nun in ihren Heimspielen in der Gauliga als Gast auf dem Platz des TSV 1883 Gostenhof antreten. Vom Platzverlust offenbar geschockt, gelingt ihnen dort nicht ein einziger Punktgewinn. Immerhin: Als größter Erfolg der Saison steht ein 2:2- Unentschieden beim Deutschen Meister des Jahres 1932, Bayern München, zu Buche. Als Tabellenletzter mit 2:34 Punkten und 13:93 Toren darf man im nächsten Jahr wegen der Aufstockung der Bereichsklasse auf 13 Vereine dennoch in der Liga bleiben. Doch es nützt nicht viel. Infolge Spielermangels, veranlasst durch ständige Einberufungen zum Heeresdienst, ist es nicht möglich, die Gauligaspiele restlos durchzustehen, auch nicht durch Kriegsspielgemeinschaften, die aus mehreren Vereinen gebildet werden.

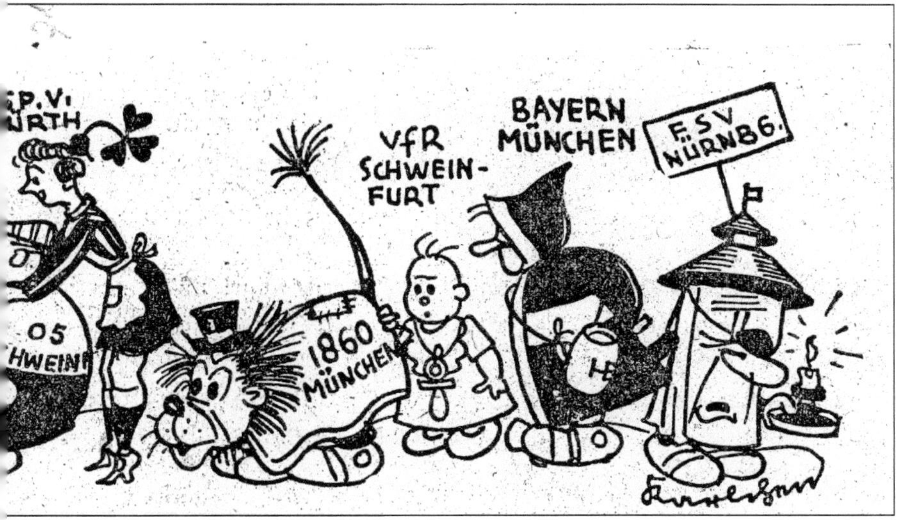

Nach 0:16 Punkten zieht sich der FSV am 20. Dezember 1940 vorzeitig vom Spielbetrieb zurück und beendet damit das Abenteuer Gauliga, ohne einen einzigen Sieg errungen zu haben.

Ab 1934, Schweinfurt
Schweinfurter Dynastien: Bernard, Kitzinger und Kupfer

Der erste Nationalspieler Schweinfurts kickt nicht bei den berühmten „Nullfünfern", sondern beim Lokalrivalen VfR. Es ist der Mittelläufer Robert Bernard, Sohn von Jakob Bernard, der sich in den Jahren nach dem Ersten Weltkrieg als lokale Fußballgröße einen Namen gemacht hatte. Seine Karriere als Nationalspieler verläuft kurz und dramatisch. Von Otto Nerz in den Kader für die Olympiade 1936 berufen, ist er sowohl beim 9:0 in der Vorrunde gegen Luxemburg als auch beim enttäuschenden 0:2 gegen Norwegen vor 55.000 Zuschauern in Berlin dabei.

Nerz krempelt die Nationalelf nach diesem Debakel komplett um, so dass auch Robert Bernard keine Berücksichtigung mehr findet, zumal er sich, entgegen dem Ratschlag des Nationaltrainers, beharrlich weigert, seinen geliebten VfR zu verlassen und bei den spielstärkeren „Nullfünfern" anzuheuern. Bernard wechselt erst 1946 zum Lokalrivalen, wo er noch bis 1951 zusammen mit Kupfer und Kitzinger in der Oberliga Süd kickt.

Der waschechte Schweinfurter Albin Kitzinger fällt schon als Jugendspieler der „Schnüdel" durch seine hervorragende Technik auf. In der Saison 1934/35

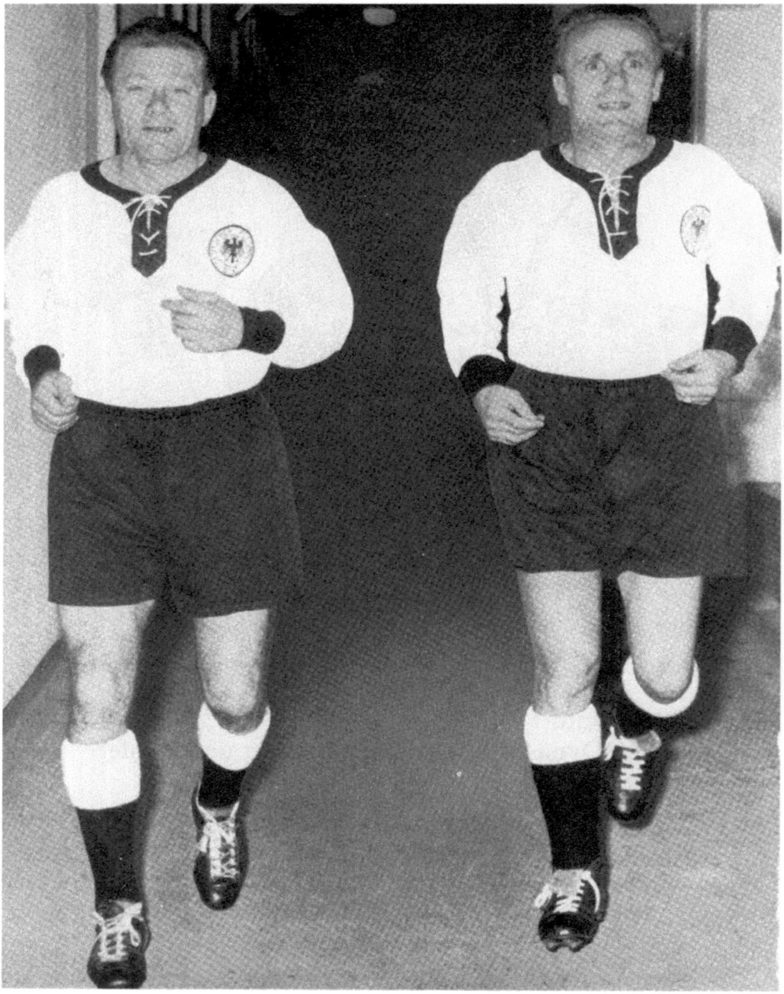

Das Schweinfurter „Zwillingspaar": Die Außenläufer Ander Kupfer und Albin Kitzinger

debütiert er als Mittelläufer neben seinem älteren Bruder Oskar und imponiert auf Anhieb durch die „dynamische Ruhe", mit der er den Spielaufbau vorantreibt. Er versteht es, in keiner Situation ermüdend, das Spiel sehr sachlich, aber auch sehr energisch anzukurbeln.

Ballsicherheit, Übersicht und Ideenreichtum verbinden sich in seiner Spielweise zu einem Stil, der vollkommen unaufgeregt wirkt. Bereits im 25. August 1935 (4:2 gegen Rumänien) kommt Kitzinger, der seine Brötchen wie

Robert Bernard als Angestellter bei den Vereinigten Kugellagerfabriken Fichtel & Sachs verdient, als linker Läufer zu seinem ersten Länderspiel-Einsatz und kann auch hier mit seiner „eifrigen und quicklebendigen Spielweise“ sofort überzeugen.

Zwei Jahre später, als am 16. Mai 1937 in Breslau beim 8:0 gegen Dänemark die Geburtstunde der berühmten „Breslau-Elf“ schlägt, hat er mit Andreas Kupfer einen Mannschaftskameraden aus Schweinfurt an der Seite. Zusammen mit dem Münchener Bayern Ludwig Goldbrunner bilden die beiden eine Läuferreihe, die damals im deutschen Fußball das Nonplusultra darstellt.

Bodenständig und heimatverbunden ist auch Andreas Kupfer, Kitzingers Pendant auf der rechten Läuferseite. Wie Robert Bernard hat der „Ander“ seine Karriere beim kleineren der beiden Schweinfurter Vereine, dem VfR, begonnen. Erst als 19-jähriger wechselt er zum Lokalrivalen. Dort erweist er sich sofort als enorm ehrgeizig.

Als der etwas ältere Albin Kitzinger den Sprung in die Nationalmannschaft schafft, setzt er alles daran, es ihm gleichzutun. Anders als der eher „sanfte“ Kitzinger ist der konditionsstarke Ander, von Beruf ein Bauarbeiter, als kompromissloser und harter Spieler gefürchtet. Tatsächlich tritt Kupfer aber nie nur als kampfstarker Rackerer auf, sondern er hat auch elegante Kabinettstückchen im Repertoire, zum Beispiel überraschende Schüsse aus dem Fußgelenk.

Nationaltrainer Sepp Herberger wird rasch auf den technisch versierten Spieler mit dem starken linken Fuß aufmerksam. Empfohlen wird er unter anderem von dem bescheidenen Albin Kitzinger, der einmal gegenüber Journalisten erwähnt: „Ihr solltet Euch mal meinen Mannschaftskameraden Kupfer ansehen, der spielt Euch vielleicht etwas vor!“

Schon nach seinem Debüt am 23. März 1937 gegen Luxemburg ist Kupfer aus der Nationalmannschaft nicht mehr wegzudenken. Wie sein zwei Jahre älterer Teamkollege Kitzinger bringt er es auf 44 Einsätze in der Nationalelf, 29 davon bestreiten die „siamesischen Fußball-Zwillinge“ aus der Kugellagerstadt gemeinsam. Nur der Krieg verhindert eine noch imponierendere Bilanz.

Albin Kitzinger hängt seine Fußballschuhe 1950, nach insgesamt 826 Spielen für seine Schweinfurter, an den Nagel. Andreas Kupfer hat bei seinem Abschied 1954 das Trikot der „Nullfünfer“ in 650 Spielen getragen. Sein Vetter Karl „Molli“ Kupfer bleibt noch bis 1957 in der Oberliga Süd aktiv und bringt es auf 293 Spiele und 47 Tore.

Das Debüt des Sohnes von Robert Bernard verpasst „Molli“ Kupfer nur knapp. Günter Bernard, der bereits als Siebenjähriger im Tor von Schweinfurt 05 überzeugen konnte, steht zwischen 1958 und 1963 genau 72 Mal zwischen den Pfosten des 1. FC. 1962 kommt der reaktionsschnelle Keeper, der auch seine Vorderleute immer gut zu dirigieren weiß, zu zwei Länderspiel-Einsätzen. Später, als er bereits für Werder Bremen den Kasten sauber hält, geling dem ewigen Ersatzmann hinter Hans Tilkowski noch drei Mal der Sprung in die erste Elf Deutschlands.

Bleibt zum Schluss nur noch zu erwähnen, dass es natürlich auch Andreas Kupfers Sohn Rolf zu Ehren im Trikot des 1. FC Schweinfurt 05 bringt – und zwar als Kapitän des Regionalligameisters der Saison 1965/66.

1945 – 1962
IM SÜDEN GANZ OBEN

Ab 1946, Franken
Mit Hunger auf Fußballtour

Am Freitag, den 30. Mai 1946 ist ein Super-Team der Vergangenheit in Franken unterwegs: Der FC Schalke 04 mit seinen Stars Fritz Szepan, Otto Tibulski und Berni Klodt. 25.000 Zuschauer im ausgebauten Bamberger Volksparkstadion warten auf das legendäre Team aus dem Ruhrpott, das der Verein zur Feier seines 45-jährigen Jubiläums eingeladen hat. Doch die Schalker kommen nicht, ihr Holzgas-Omnibus ist wegen einer Panne liegengeblieben.

Um die vielen Zuschauer zu versöhnen, wird kurzfristig der FC Schweinfurt 05 engagiert. Die Bamberger verlieren mit 2:3, sind aber offensichtlich noch keineswegs erschöpft. Denn als die Schalker mitten in der Nacht dann doch noch ankommen, wird das „richtige" Jubiläumsspiel am Samstag nachgeholt. Vor 12.000 kurzfristig herbeigeeilten Zuschauern zeigen die „Violetten" gegen die „Königsblauen" trotz einer 0:2-Niederlage ein gutes Spiel und laden ihre Gäste nach dem Abpfiff gutgelaunt zu einem kulinarischen Ausflug in die Fränkische Schweiz ein.

Offensichtlich werden die Schalker dabei so satt, dass sie sich am 2. Juni in Würzburg vor 10.000 Zuschauern an der Frankfurter Straße nicht mehr viel bewegen wollen. 0:4 lautet das Ergebnis des Spiels Schalke 04 gegen eine Kombination von Kickers und FV 04.

Tourneen wie die der Schalker sind im ersten Jahr nach dem Kriegsende nichts Außergewöhnliches. Es ist die Zeit der „Kalorienspiele", als Fußballer wegen der schlechten Ernährungslage – vor allem im fürchterlichen Hungerwinter 1946/47 – für handfeste Gagen über Land tingeln. Ruhmreiche Klubs wie Schalke 04 und der 1. FC Nürnberg lassen sich ihre Auftritte in der Provinz in der Regel in „Kalorien" ausbezahlen.

So tritt der Club in allen möglichen Orten für Kartoffeln, Kirschen, Fleisch oder gar für eine dreistöckige Torte an. Chefverhandler ist meist Gastwirtssohn „Zapf" (von Zapfhahn) Gebhardt, der akribisch um jedes Gramm feilscht. Zuweilen erhält man auch andere „Hardware": In Aschaffenburg zum Beispiel ist es ein Ballen Stoff, in Essen sind es 20 Zentner Kohlen, in Düsseldorf kickt man für einige hundert Meter Maschendrahtzaun. Einmal, bei einer Tour nach Pforzheim, organisiert Abwehrchef Kennemann einen Schnaps, den er dem Jungstar Morlock verabreicht. Vor dem Spiel müssen dem Trunkenen zwar die Schuhe gebunden werden, dann aber schießt er beschwingt vier Tore.

„Kartoffel-, Fress- oder Kalorienspiele" gibt es bis in den Sommer 1948 hinein. Die Entlohnung in „Naturalien" spielt für manchen Fußballer jedoch

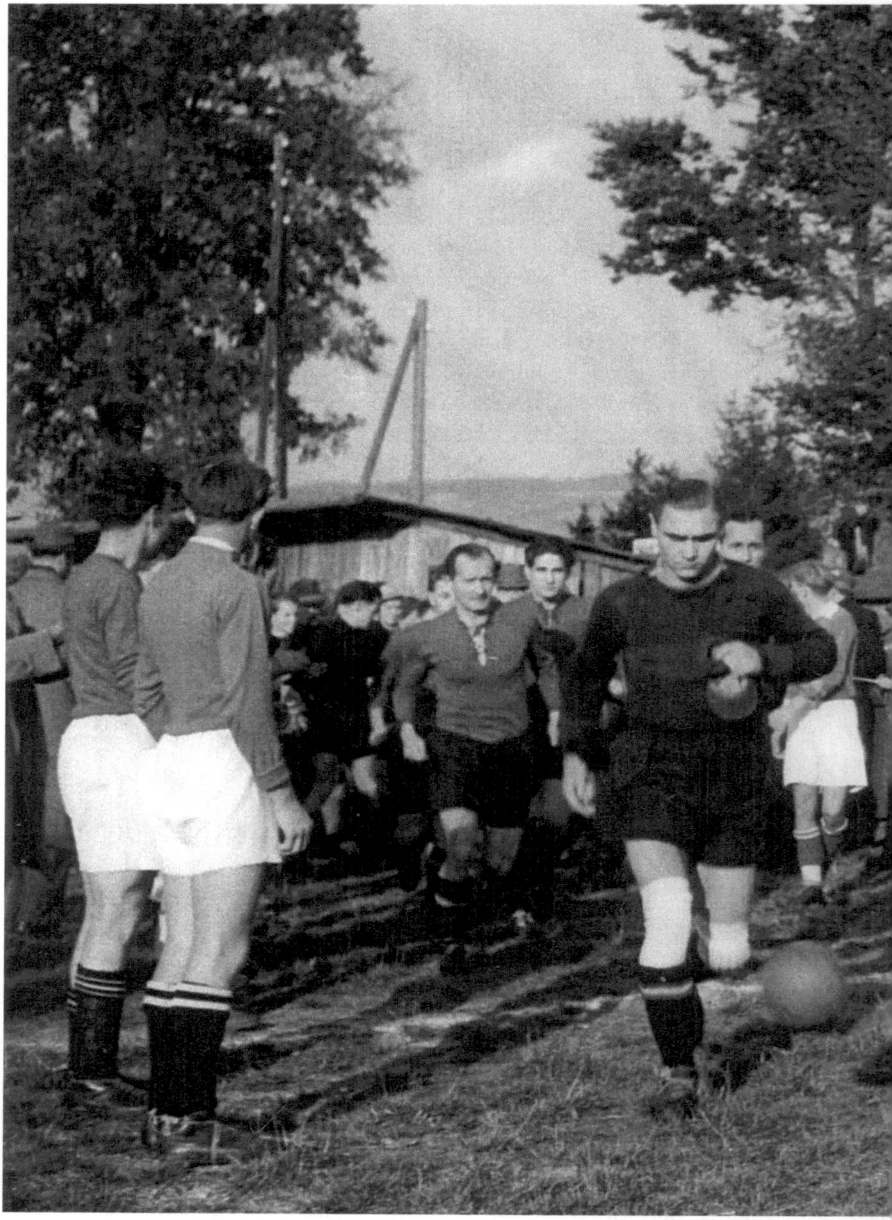

Auftritt auf dem Land in der Nachkriegszeit: Torwart Edi Schaffer und Clubkapitän „Zapf" Gebhardt laufen ein.

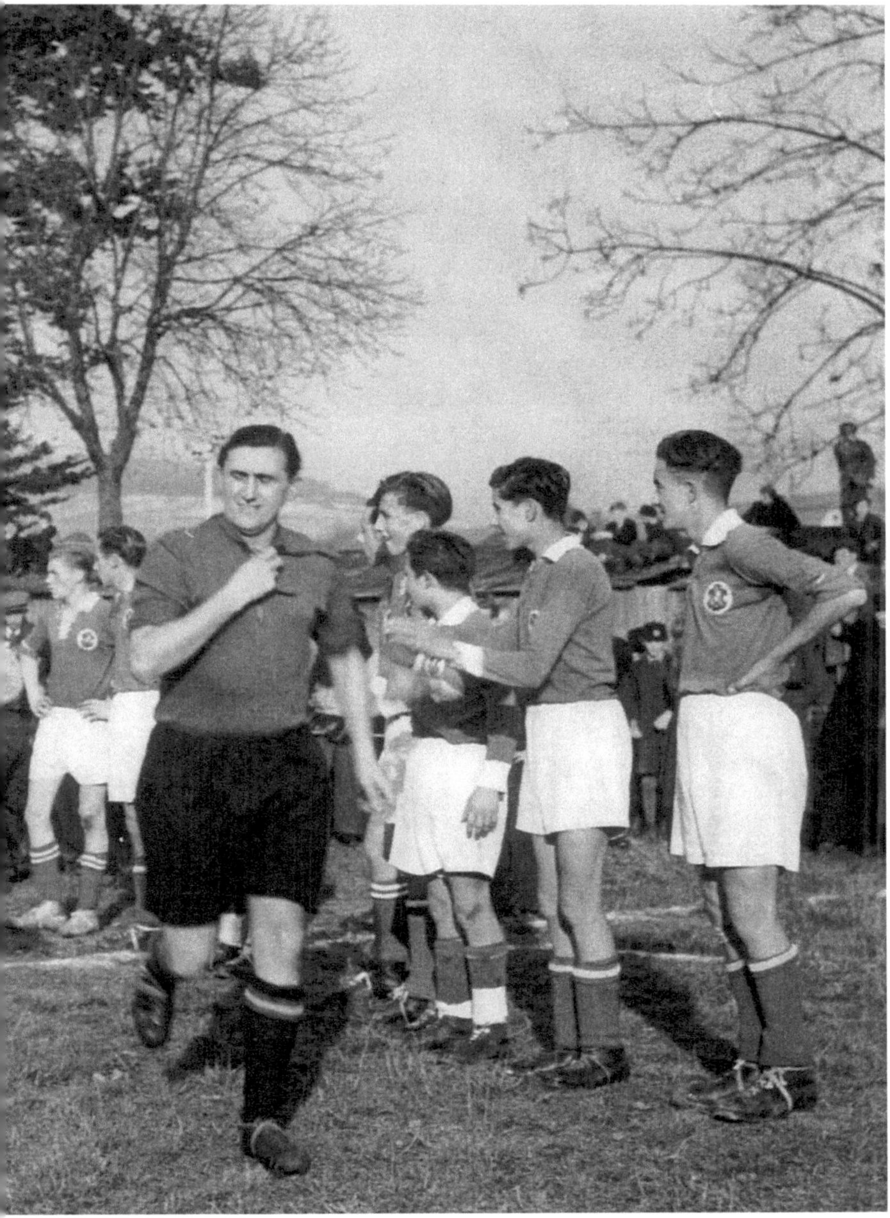

auch danach noch eine große Rolle. Regelrecht berühmt wird zum Beispiel die sogenannte „Pressack-Mannschaft“ aus Erlangen-Uttenreuth. Sie setzt sich in der Hauptsache aus fußballerisch begabten Heimatvertriebenen und Kriegsflüchtlingen zusammen, die mit der Aussicht auf eine Anstellung in der Wurstfabrik Bär angelockt worden waren.

Daneben gibt es auch noch einen immateriellen „Hunger“, der mit Fußballspielen gestillt werden muss. An Ostern 1950 tritt die SpVgg Bayreuth, angeführt von Spielführer und Amateurnationalspieler Fritz Semmelmann, auf einer Tournee vor jeweils mehreren Tausend Zuschauern in Elsterberg, Plauen und Zwickau an. Zu diesem Anlass klagt ein sächsischer Fußballfan, dass sich „der Hunger nach Spielen westdeutscher Sportkameraden“ in der Ostzone immer stärker bemerkbar mache.

1948, Schweinfurt
Harte Ellbogen

Club-Verteidiger Willi Billmann ist noch nie einem Streit aus dem Weg gegangen. So ist es auch im Juli 1947 bei einem Spiel des 1. FCN gegen Schalke 04 im stark zerstörten Essener Stadion. Wiederholte rüde Angriffe von Schalkes Mittelstürmer Dargaschewski auf den an TBC erkrankten Club-Torhüter Georg Lindner wecken Billmanns Beschützer-Instinkt. „Lass’ den Jungen in Ruhe“, droht er, „oder ich mache dich fertig“.

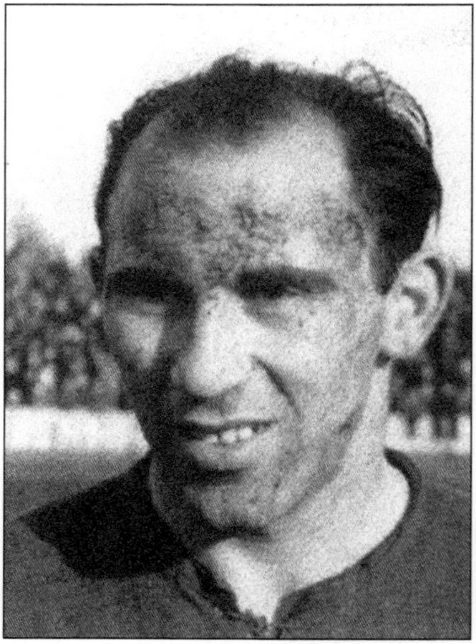

Willi Billmann, vom Kampf schwer gezeichnet

Wenige Minuten und einen weiteren Rempler später hat Billmann genug und fährt beim nächsten Zweikampf kurzerhand seinen Ellbogen aus. Dargaschewski muss mit einer Wunde über dem Auge das Spielfeld verlassen. Kurz nach dem Abpfiff blutet dann auch Billmann selbst: Ein junger Schalke-Fan, von Rachegelüsten getrieben, hat dem Nürnberger von der Tribüne herab einen Stein an den Kopf geworfen.

Georg Lindner, den auch Billmann nicht vor seiner schweren Krankheit hat schützen können, ist schon lange tot, als der 1. FCN am Ende der Saison 1947/48 in Schweinfurt antritt und Billmann selbst Bekanntschaft mit einem gegnerischen Ellbogen macht. Bei einer Spielunterbrechung will er einen Streit schlichten, da dreht der Schweinfurter Paul Gorski durch und rammt ihm seinen Ellbogen ins Gesicht. Billmann: „Das hat einen Schlag getan, den man bis auf die Tribüne gehört hat."

Der tapfere Haudegen hält noch bis zum Schlusspfiff durch – das Spiel endet 1:0 für den 1. FCN -, dann geht es mit den Schmerzen richtig los. Der Kieferbruch, den der Arzt diagnostiziert, wird zwar mit allen möglichen Anwendungen und Spritzen behandelt, aber die Beschwerden bleiben so schlimm, dass der altgediente Verteidiger am Meisterschafts-Finale, das seine Kameraden zwischenzeitlich erreicht haben, nicht teilnehmen kann.

Als der 37-jährige Veteran daraufhin seine Karriere beendet, weiß er nicht, was mehr schmerzt – der Ellbogen-Check von Schweinfurt oder das verpasste Finale gegen den 1. FC Kaiserslautern. Nebensächlich ist nur eines: Die vom Schalke-Stein am kahlen Kopf des Club-Verteidigers zurückgebliebene und weithin sichtbare Narbe.

1948, Fürth
Fußball-Demonstration gegen Mühlburger Verhältnisse

Am 37. Spieltag der Saison 1947/48 tritt die SpVgg Fürth an der Karlsruher Honsellstraße gegen den VfB Mühlburg an. Beide Teams sind abstiegsgefährdet, entsprechend hart geht es zur Sache. Die Fürther lassen sich auch von den feindseligen Zuschauern nicht beirren, gehen mit 2:0 in Führung.

In der zweiten Halbzeit wird die Stimmung immer bedrohlicher, wiederholt dringen Zuschauer auf das Spielfeld. Schiedsrichter Eberle wird körperlich bedroht, Fürther Spieler werden mit Steinen beworfen, Stürmer Horst Hoffmann zieht sich eine Verletzung zu. Begünstigt durch die Tumulte erzielen die Mühlburger Anschluss- und Ausgleichstreffer. Die heftigen Proteste der Fürther, das Spiel wegen der irregulären Eingriffe der Zuschauer doch besser abzubrechen, lassen den Schiedsrichter unbeeindruckt.

Ganz Fürth ist nach den unrühmlichen Mühlburger Vorkommnissen in Aufruhr. Angeführt von Oberbürgermeister Bornkessel demonstrieren Tausende auf den Straßen, um dem vom Verein eingelegten Protest gegen die Spielwertung Nachdruck zu verleihen. Das „Sport.Magazin" kommentiert später mit Bewunderung: „Es gibt wohl wenige Städte in Deutschland, die mit ihrer Gesamtbevölkerung so geschlossen und entschlossen gerade in den Krisentagen hinter ihre Fußballer rücken." Die Mühlburger erhalten dann auch vom DFB eine kurzfristige Platzsperre und eine Geldstrafe, der Protest gegen die Wertung des Spiels wird jedoch abgewiesen. Fürth bleibt mit 31:45 Punkten auf Rang 15 und ist damit, da die Liga im nächsten Jahr von 20 auf 16 Vereine reduziert werden soll, abgestiegen. Auch der Versuch, die Spielvereinigung auf dem Gnadenweg wieder in die Oberliga aufzunehmen, scheitert. 15 der 16 Oberliga-Vereine sprechen sich dagegen aus.

1948, Nürnberg
Der einzige Profi unter all den „Vertragsspielern“

In der Oberliga-Zeit sind Fußballer sogenannte „Vertragsspieler“: Sie sind bei einem Verein vertraglich gebunden und müssen zusätzlich einen Beruf ausüben. Da sie weniger arbeiten und entsprechend weniger verdienen als ein normaler Arbeitnehmer, erhalten sie ein kleines Gehalt als Entschädigung.

Wie es beispielhaft in dem am 1. September 1948 zwischen dem 1. FCN und Helmut Herbolsheimer ausgestellten Vertrag festgelegt ist, beträgt die monatliche Höchstsumme einschließlich Prämien 320 DM. Soweit ist die Sache offiziell geregelt. Inoffiziell stecken viele Vereine den Spitzenspielern nicht selten heimlich mehr Geld zu.

Einer dieser Spieler ist der Abwehrstratege Alfred Mirsberger, der sich von 1947 bis 1955 in 169 Spielen für den 1. FCN bewährt hat. Mirsberger besitzt einen kleinen Zigarrenladen an der Lorenzkirche in Nürnberg und wird dort im Jahr 1955 öfter von Fred Hoffmann besucht, der soeben in Aschaffenburg seine aktive Karriere beendet hat und nun als eine Art „Manager“ tätig ist. In der Kleiderstadt Aschaffenburg, erfährt Mirsberger, gebe es unter den Fabrikanten etliche Gönner der Viktoria. Wenn er dort unterschreibe, könne er mehr als das Doppelte seines jetzigen Gehalts verdienen, darüber hinaus gebe es eine einmalige Sonderzahlung von 7.000 DM.

Da der Club mit diesem Angebot nicht konkurrieren will, gibt Mirsberger der Verlockung nach. Die eine Hälfte seines Gehalts erhält er offiziell, die zweite Hälfte wird über einen Strohmann abgewickelt. Pech ist dann nur, dass der Kassenwart die Antrittsprämie preußisch korrekt ins Ausgabenbuch einträgt.

Die Sache fliegt auf, Aschaffenburg wird zu einer Geldstrafe verdonnert, Mirsberger erhält eine Sperre von 8 Wochen. Dass der Verteidiger danach „für zwei“ noch insgesamt 75 Spiele für die Viktoria bestreitet, wird offensichtlich von niemandem bemerkt.

Mit verschmitztem Grinsen erinnert sich Alfred Mirsberger: „Ich war damals der einzige Profi.“ Auf die heutigen Profis ist er allerdings nicht gut zu sprechen. „Wenn ich lese, was die heute verdienen, trifft mich der Schlag. Das ist völlig unverständlich.“ Er selbst sei damals, obwohl ein „Großverdiener“ und weiter in Nürnberg lebend, bei den Mitspielern sehr angesehen gewesen. „Die haben mich bewundert, dass ich die Fahrerei auf mich genommen habe, zweimal die

Woche zum Training, um 8 Uhr morgens los, um 22 Uhr wieder zu Hause, und dann noch mal am Wochenende zu den Spielen."

Club-Rechtsaußen Helmut Herbolsheimer, ein Jahr später ebenfalls nach dem Strohmann-Modell verpflichtet, ist die Fahrerei zu viel gewesen. Nach zehn Spielen für Aschaffenburg beendet der Dribbel-König seine Karriere, macht es sich in Nürnberg in seinem Lotto-Toto Geschäft bequem und verdient sich als Komiker in dem Duo „Die Zwetschgenmännla" eine zusätzliche D-Mark.

1954, Aschaffenburg
Das Lipponer-Tor

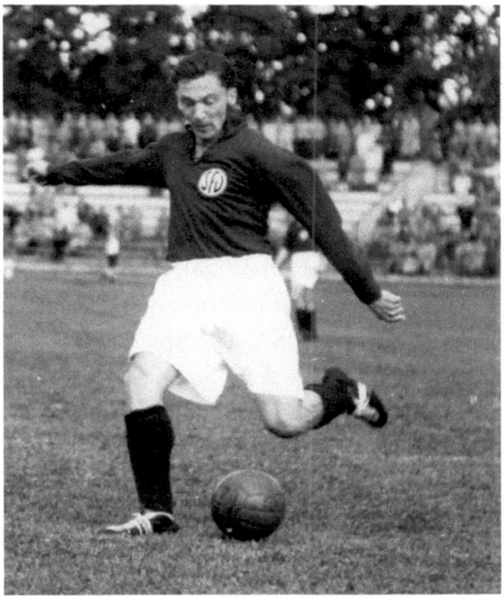

Wortführer beim Skandalspiel in Mannheim: „Mister Aschaffenburg" Heinz Budion. Er macht bis 1960 alle Oberliga-Jahre der Viktoria mit und bringt es auf insgesamt 259 Spiele. Mit 56 Treffern – fast alle davon macht er mit „links" – ist Budion auch bester Torschütze der Viktoria.

Am vorletzten Spieltag der Saison 1953/54 kommt es in Mannheim, unter den Augen des Bundestrainers Sepp Herberger, zu einem „Entscheidungsspiel" gegen den Abstieg. Sowohl die Waldhöfer wie die Aschaffenburger haben 19:37 Punkte. Nur der Sieger würde sich den Verbleib in der Oberliga sichern.

Die Viktoria spielt gut, führt bis kurz vor Schluss durch Tore von Hubert Staab und Rolf Jekat mit 2:1. Doch dann zieht der Waldhöfer Fritz Rößling in der 82. Minute eine Flanke herein. Mittelstürmer Paul Lipponer kommt mit dem Kopf nicht mehr heran. Er wirft die Hand nach oben und bugsiert den Ball – ganz ähnlich wie es Maradona bei der WM 1986 gegen England machen wird – per Hand über die Linie. Schiedsrichter Müller aus Soest hat nichts gesehen und entscheidet auf Tor. 2:2.

Der Aschaffenburger Kapitän Budion rennt zu Müller und protestiert. Doch der lässt sich nicht beirren. „Mister Aschaffenburg" kann sich überhaupt nicht mehr beruhigen, diskutiert erregt mit seinen Mannschaftskameraden und dem Trainer. Ergebnis: Die Viktoria-Spieler verlassen geschlossen den

Platz. Was natürlich nicht ohne Konsequenzen bleibt. Der DFB verdonnert die Aschaffenburger zu einer Geldstrafe von 300 DM, das Spiel wird mit 0:0 Toren und 2:0 Punkten für Waldhof gewertet. In der Vereinschronik wird später stehen: „Selten ist eine Mannschaft so um den wohlverdienten Sieg gebracht worden.“ Aschaffenburg ist damit abgestiegen, aber der Sieg am Grünen Tisch nützt auch Waldhof nichts: Wegen des schlechteren Torverhältnisses gegenüber den Stuttgarter Kickers müssen auch sie den Gang in Liga Zwei antreten.

Ab 1951, Nürnberg/Fürth
Start in die weite Welt

An Weihnachten 1951 fliegt der Club nach Spanien, schlägt dort den spanischen Herbstmeister Atletico Bilbao mit 4:2 und dann noch den amtierenden Landesmeister, den FC Barcelona, im eigenen Stadion mit 2:0. Seit Kriegsende hat Barcelona zu Hause noch kein Spiel gegen eine ausländische Mannschaft verloren, entsprechend überrascht sind die spanischen Zuschauer. Aber sie zeigen sich als gute Verlierer und bejubeln die Fußballkunst der Franken.

Im Mai 1953 gehen die Cluberer wieder auf Reisen. Um auf andere Gedanken zu kommen – der Oberliga-Alltag ist zu diesem Zeitpunkt recht trist -, nimmt der 1. FCN eine Einladung des Deutsch-Amerikanischen Fußball-Bundes an und fliegt in die USA. Die Spieler sind begeistert vom American Way of Life und kommen aus dem Staunen nicht mehr heraus. Ein Vorgeschmack auf das Wirtschaftswunder, das sich nun auch zu Hause anbahnt. Sportlich sind die amerikanischen Mannschaften keine Herausforderung. Nur gegen den FC Liverpool, der zur selben Zeit in den USA gastiert, setzt es eine knappe 3:4-Niederlage.

Während die Fürther andere Ziele anpeilen – Portugal, Malta, Ungarn -, fliegen die Cluberer 1955 abermals über den großen Teich. Und im Sommer 1962 bricht dann noch einmal ein Team aus Nürnberg auf. Diesmal handelt es sich sogar um den ersten Nonstop-Flug von Nürnberg nach Amerika überhaupt.

Doch im Flugzeug sitzen keine Cluberer, sondern die Spieler, Familienangehörigen und Vereinsanhänger der Bayernligamannschaft ASV Nürnberg-Süd. Organisiert wird dieser erste Gastauftritt einer deutschen Amateurelf in den USA von Vorstand Karl Lindner. Mit dabei ist auch Alfred Mirsberger. Der begeisterte Amerika-Reisende, der seine Karriere als Spielertrainer bei den Südern ausklingen lässt, hat bereits beide Clubreisen mitgemacht.

In Amerika spielen die Süder gegen Mannschaften wie Kickers Detroit, Fort Wayne und Dayton Edelweiß. Anders als bei den Gastauftritten des 1. FCN, der seine amerikanischen Gegner je nach Lust und Laune schon mal zweistellig abkofferte, müssen sich die Amateure diesmal schon anstrengen, um vier Siege

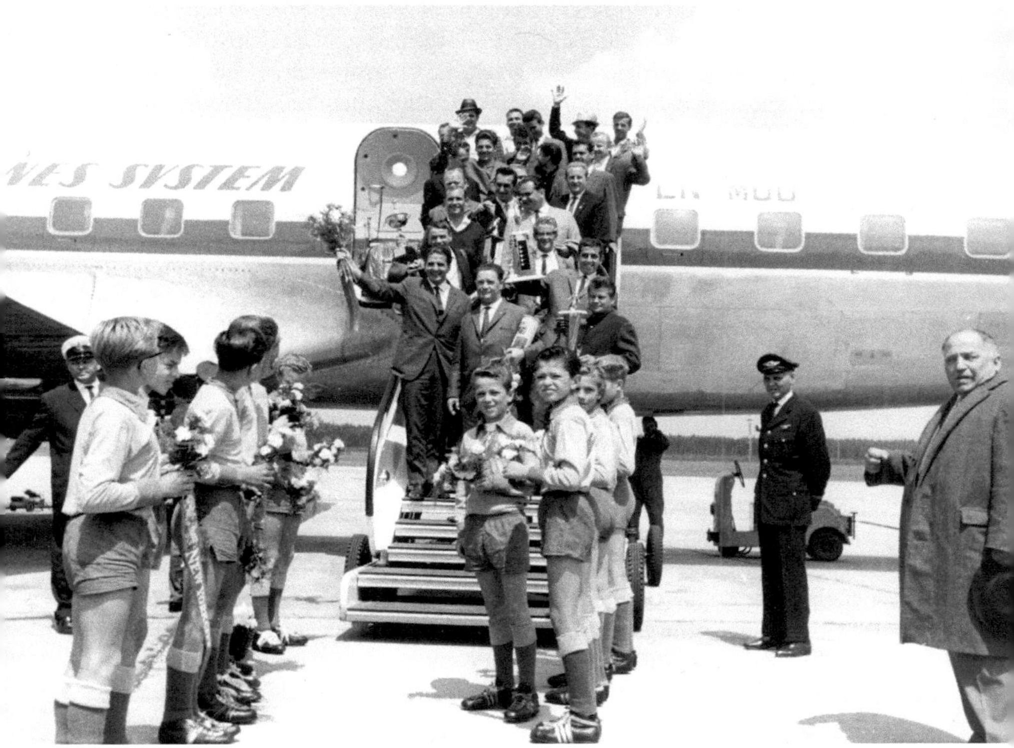

Der ASV Nürnberg-Süd vor dem Start in die USA. Auf der Treppe mit Blumenstrauß Spielertrainer Alfred Mirsberger, rechts daneben Vorstand Karl Lindner.

und ein Unentschieden herauszuspielen. Einmal verlassen sie als Verlierer den Platz – beim 1:2 gegen das Team „Schwaben Chicago".

1956, Nürnberg/Fürth
Herzbluten und Halbzeitsekt

„Ouh, das war hart", verfinstert sich noch heute die Miene von Club-Torwartlegende Edi Schaffer aus der Meisterelf von 1948. Heiner Müller, mit dem Club 1961 Deutscher Meister, geht es nicht anders: „Das war eine herbe Schlappe, so einen Batscher haben wir seitdem nie mehr bekommen."

Beide wollen nur ungern an ein Spiel erinnert werden, das am 1. Oktober 1956 im Zabo stattfand: Damals verlor der Club im eigenen Stadion vor ausverkauftem Haus sage und schreibe mit 2:7, und das ausgerechnet gegen die Nachbarn aus Fürth.

Begonnen hatte alles noch ganz gut, nämlich mit einem Lattentreffer von Heiner Müller, dann aber trafen die Fürther im Gegenzug und das Debakel nahm seinen Lauf. „Fürths quirliger Sturm hetzte die Club-Abwehr zu Tode“, schrieb hinterher das „Sport-Magazin“. Kleeblatt-Trainer „Bumbes“ Schmidt, einer der wenigen geborenen Fürther, der es im Trikot des 1. FCN zu erstaunlicher Anerkennung bei den Nürnberger Fans gebracht hatte, wusste gar nicht mehr, wie er seine Gefühle ordnen sollte. „Das Herz hat mir geblutet, wie die gespielt haben!“ kommentierte er die Leistung der Cluberer, und zu seiner eigenen Mannschaft meinte er: „Ausgerechnet die Blödel aus Fürth gewinnen das!“

Einen großen Anteil an dem hohen Sieg der Spielvereinigung, der, so die Vereinszeitung des 1. FC Nürnberg, „in seinem Ausmaß wie ein Blitz aus heiterem Himmel kam und die Optimisten bis ins Mark traf“, hatte der Fürther Spielmacher Max Appis. Der geborene Fürther trug die Nummer 10.

An diesem Tag spielte er, für die Nürnberger wohl unerwartet, etwas zurückgezogen und schoss zwar kein Tor, brachte aber, so die Sportpresse, den „Fürther Kreisel“ auf Hochtouren. „Es gibt einfach Tage, da gelingt einem alles, außerdem waren und sind wir Fürther technisch schon immer besser als der Club.“

Appis zog also die Fäden, Gottinger, Landleiter, und Schmidt mit je zwei Treffern sowie Kuhnert sorgten dafür, dass Edi Schaffer im heimischen Zabo sieben mal hinter sich greifen musste. Noch Jahre später schreibt die „Club-Revue“, bei Schaffer sei damals „ein Tag der offenen Tür gewesen“ und er habe „noch zwei Wochen später nervöse Zuckungen und ein käsweißes Gesicht gehabt“. „Wir waren damals schon auf dem absteigenden Ast und die Fürther hatten eben eine Klassemannschaft“, sucht Schaffer händeringend noch heute nach Gründen für die herbe Nürnberger Niederlage.

Ganz so mit dem „absteigenden Ast“ kann es jedoch nicht gewesen. „Die Fürther haben danach nichts mehr zustande gebracht und wir sind Süddeutscher Meister geworden“, berichtet Heiner Müller nicht ganz ohne Häme. Der laufstarke Stürmer hat denn auch eine ganz andere Begründung für das trostlose Gekicke seiner Mannschaft als Torwart Schaffer: „Als wir schon zur Halbzeit hoffnungslos im Rückstand waren, kam die Vorstandschaft zu uns in die Kabine. Die Herren sagten ‚Jetzt machen wir das, was bei den Älteren immer geholfen hat‘ und schenkten jedem von uns ein Glas Sekt ein. Bei uns jungen Spielern hat das überhaupt nicht geholfen, wir sind eher noch müder geworden.“

Das hatte Konsequenzen: „Seitdem hat es bei uns in der Halbzeit nie mehr einen Sekt gegeben.“

S. 63: „Bumbes“ Schmidt als Trainer der Kleeblättler

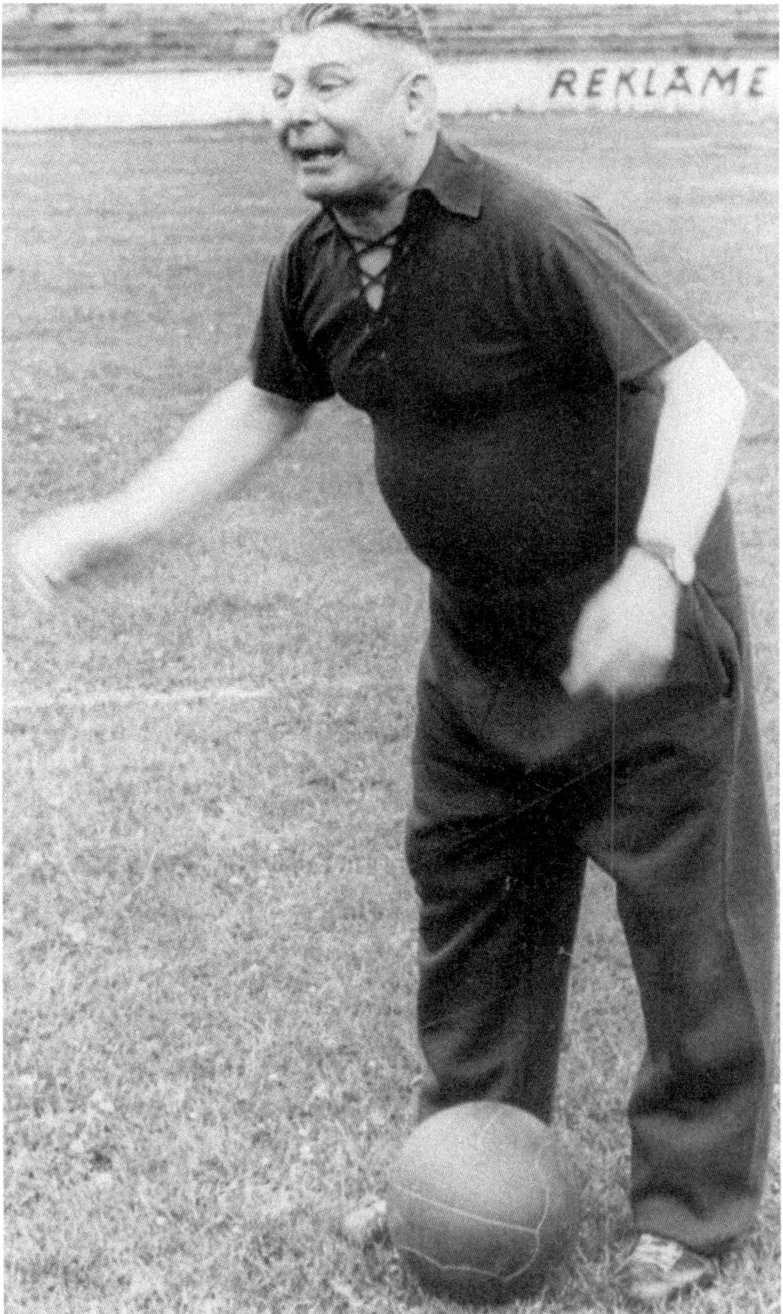
REKLAME

1959, Nürnberg/Fürth: **Griff ins Kreuzotternest**

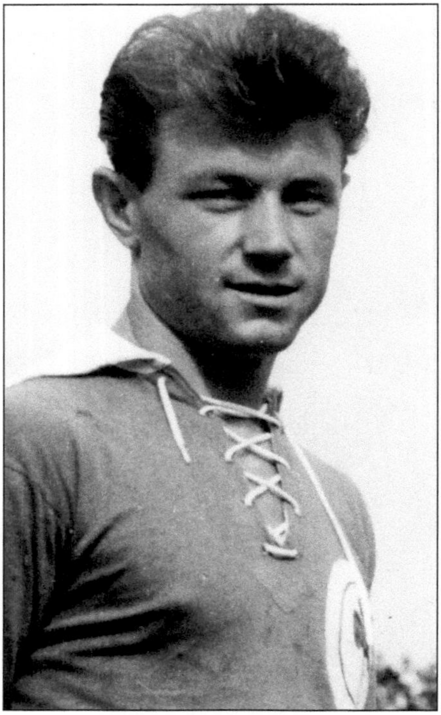

Reinhold Gettinger: Sein Wechsel ist die Ursache eines fürchterlichen Streits zwischen den Fürthern und Nürnbergern.

Im Juli 1959 ist in der Vereinszeitung des 1. FCN zu lesen: „Die Fußballer haben ihr Kriegsbeil begraben – wenigstens äußerlich. Unter der Decke der Sommerpause aber wühlt und schwelt es: Die Einkäufer sind am Werk. Wenn sie bei kleinen Vereinen auftauchen, dann herrscht höchste Alarmstufe bei den dortigen Funktionären. Ja man munkelt sogar, die Amateurvereine würde ihre ‚Lokalstars' eigens nicht aufstellen oder gar verstecken, wenn ein Oberligaverein bei ihnen aufkreuzt und ein Privatspiel austrägt." Der Club wird trotzdem fündig und verpflichtet vom VfB Bayreuth den späteren Meisterspieler Paul Derbfuß.

Größere Irritationen gibt es beim Derbfuß-Transfer nicht. Anders verläuft es im nächsten Jahr. Aber da geht es auch nicht darum, einem kleinen Amateurklub ein Talent zu entführen, sondern dem Konkurrenten aus der Nachbarstadt, der Spielvereinigung Fürth.

„Es scheint für die Cluberer ungefährlicher", heißt es in der Ausgabe der Vereinszeitung vom Juli 1960, „mit bloßen Händen in ein Kreuzotternest zu greifen, als sich um einen Fürther Spieler zu bemühen. Das war bei Hans Sutor, Loni Weiß, Heiner Auer, Urbl Krauß, Schorsch Kennemann, Otto Brenzke, Horst Schade dasselbe. Alle Spieler haben letzten Endes doch für den Club gespielt. Derzeit hat die Absicht Reinhold Gettingers, zum Club zu wechseln, Fürth in Weißglut gebracht, ganz im Gegensatz zu der fröhlichen Gelassenheit, mit der man noch kürzlich bei Fürth den Weggang so ausgezeichneter Spieler wie Mai und Kuhnert zu Bayern München hinnahm. Man hat in Fürth jede Haltung verloren. Die uralte Abneigung gegen den Club feiert Triumphe."

Die Ursache der Abneigung wird freilich nicht erwähnt: Das FCN-Präsidium hatte die Fürther angeschwärzt, dass Gettinger in Fürth Geld aus einer „schwarzen Kasse“ erhalte. Den Fürthern waren zunächst 10 Punkte aberkannt worden, später wurde die Strafe in eine Geldbuße umgewandelt.

Nach dem Gettinger-Transfer einigen sich schließlich die beiden Vereine auf ein mehrjähriges Stillhalteabkommen: Bis zum Juli 1966 darf kein Spieler des anderen Vereins ohne ausdrückliche Zustimmung der Vorstandschaft unter Vertrag genommen werden.

Ab 1950, Franken für Deutschland
Zwei Weltmeister und ein Rekordspieler

Beim ersten Länderspiel nach dem Krieg am 22. Januar 1950 in Stuttgart – 1:0 gegen die Schweiz – gibt Schweinfurts Ander Kupfer als Kapitän seine Abschiedsvorstellung. Es ist zugleich der erste Auftritt für das Club-Idol Max Morlock. Vor der größten Kulisse, die ein Fußballspiel in Deutschland jemals erreicht – 115.000 Zuschauer – ist auch Clubspieler Gunter Baumann dabei.

Während allerdings Morlock in der Folge noch weitere 25 Spiele für Deutschland bestreiten und dabei 21 Tore erzielen wird, bleibt es für Club-Mittelläufer Baumann, weil er sich einen stetigen Kleinkrieg mit Sepp Herbergers Lieblingsschüler Fritz Walter liefert, bei einem einzigen weiteren Einsatz, dem Rückspiel gegen die Schweizer im am 12. April in Zürich (3:2 für die BRD). Bei diesem Spiel mit dabei ist auch Goalgetter Horst Schade, der zu diesem Zeitpunkt noch im Trikot der Fürther spielt.

In seinem dritten Länderspiel, am 11. Oktober 1953 gegen das damals noch selbständige Saarland, tritt Schade als Cluberer an der Seite von Morlock an. Die Nürnberger besorgen das 3:0 im Alleingang. In der 13. Minute passt Schade zu Morlock, der noch den Torhüter umspielt und einschießt. In der 51. Minute macht Morlock nach einem Eckball das 2:0.

In der 71. Minute kann der Torwart der Saarländer einen Rahn-Schuss nur abklatschen, Schade ist da und vollendet zum 3:0. Trotz der guten Vorstellung von Schade und entgegen dem Rat vieler Experten bevorzugt Bundestrainer Herberger in der Folge die Kaiserslauterer Variante mit Fritz Walters Bruder Ottmar in der Sturmmitte.

Max Morlock hingegen ist zu diesem Zeitpunkt bereits voll etabliert und spielt in Herbergers Plänen eine feste Rolle. Der Bundestrainer schätzt das Club-Idol nicht nur als Torjäger und kampfstarken Antreiber, sondern als perfekten Kombinationsspieler. Er sei, wie er sich auszudrücken pflegt, „der ideale Verbinder“ zwischen Abwehr und Angriff.

Neben den Nürnbergern stehen bei diesem Qualifikationsspiel für die Weltmeisterschaft 1954 gleich drei Fürther auf dem Platz: Richard Gottinger,

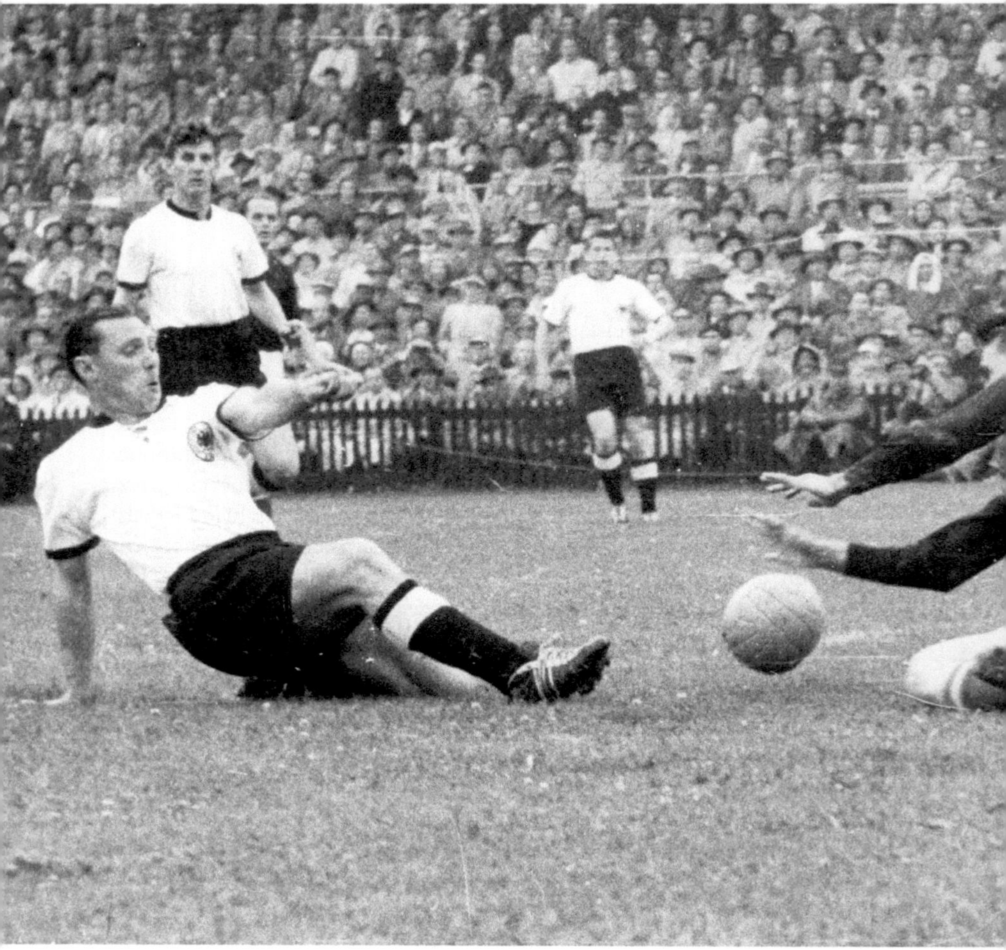

Max Morlock erzielt sein „Tor der Tore", den 1:2-Anschlusstreffer im WM-Endspiel 1954 in Ungarn.

Karl Mai und Ertl Erhardt. Für den kopfballstarken Außenläufer Gottinger bleibt es das erste und letzte Länderspiel. Der Allrounder Mai, ursprünglich ein Stürmer, der seinen Durchbruch zum Klassespieler als geradliniger und schnörkelloser Außenläufer geschafft hatte, wird zum Stammspieler und bringt es in der Folgezeit auf insgesamt 21 Berufungen in die Nationalmannschaft. Der junge Ertl Erhardt, der zusammen mit Gottinger in der Fürther Mondstraße das Kicken gelernt hatte, muss zunächst wieder auf der Ersatzbank Platz nehmen.

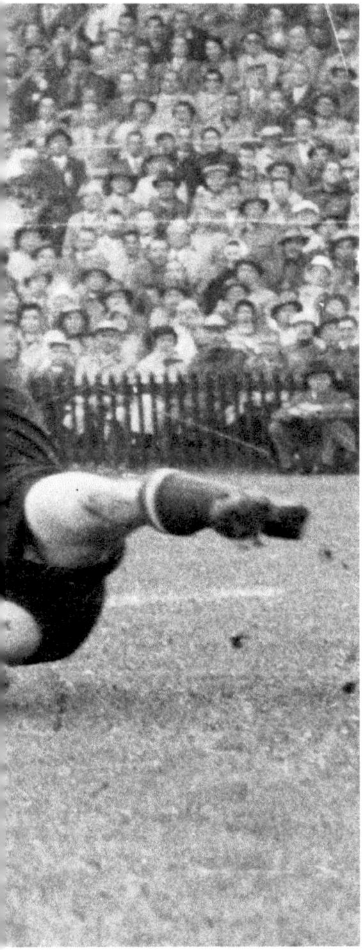

Mit dem Fürther Karl Mai und dem Nürnberger Max Morlock qualifiziert sich Deutschland mühelos für die Weltmeisterschaft 1954. Während die Arbeitsbiene Mai mit konstant fehlerlosem Spiel beeindruckt, glänz Morlock insbesondere als Torjäger. In vier Spielen erzielt er sieben Treffer. Auch im ersten Vorrundenspiel, dem 4:1 gegen die Türkei, trägt sich der Nürnberger in die Torschützenliste ein.

Nach einer Pause im „unwichtigen" Spiel gegen Ungarn (3:8) sind Mai und Morlock wieder dabei. Dreimal lässt es der Max diesmal im Entscheidungsspiel gegen die Türkei (7:2) klingeln. Nach Siegen über Jugoslawien (2:0) und Österreich (6:1, ein Morlock-Tor) finden sich die Deutschen plötzlich im Endspiel wieder. Gegner sind erneut die Ungarn. Doch diesmal ist das Spiel wichtig ...

Am 4. Juli 1954 läuft in Bern folgende Elf ein: Kohlmeyer, Posipal, Liebrich, Rahn, Eckel und Fritz Walter, sowie die fünf Stammspieler, die im Vorrundenspiel pausiert haben: Turek im Tor, Ottmar Walter, Schäfer und die beiden Franken Mai und Morlock. Kaum ist das Spiel angepfiffen, liegen die Ungarn durch ein Puskas-Tor bereits in Führung. Nach neun Minuten steht es 0:2 – Czibor hat Turek überwunden.

„Jetzt erst recht, Fritz, wir haben doch nichts mehr zu verlieren", ruft Morlock beim Anstoß seinem Kapitän zu. Und kaum eine Minute später erzielt Max Morlock den Anschlusstreffer, das wichtigste Tor seiner ganzen Karriere. Rahn hat den Ball hereingegeben, Morlock rutscht ihm mit letztem Einsatz entgegen, und mit der Fußspitze bugsiert er das Leder am entsetzten Torhüter Grosics vorbei ins Netz. Noch vor der Halbzeitpause erzielt Rahn das 2:2, nach dem Wiederanpfiff erwehren sich die Deutschen mit Glück und Kampfkraft dem Ansturm der Ungarn, und in der 85. Minute fällt nach einem Konter das erlösende 3:2 durch Helmut Rahn. Deutschland ist Weltmeister!

„Na, Chef, hab' ich den Kocsis g'schnupft oder net!?", fragt „Charly" Mai nach dem Abpfiff. Die Antwort des Bundestrainers ist zwar nicht überliefert, aber sicher wird Sepp Herberger gesehen haben, dass der Fürther immer einen kühlen Kopf bewahrte und in der Drangphase der Ungarn den Torjäger Kocsis nicht zur Entfaltung kommen ließ.

Hätte er allerdings gewusst, dass der Fürther als einer der Chefs der „Raucherabteilung“ der Nationalspieler nach dem Mittagessen im Spiezer Trainingslager regelmäßig zu kleinen Ruderboot-Ausflügen auf den Thuner See entflohen war, um dann in gebührendem Abstand vom Ufer die verbotenen Zigaretten herauszuholen, wäre Mai womöglich nie Weltmeister geworden.

Nicht nur wegen seines Anschlusstreffers im Endspiel wird Max Morlock nach dem Triumph allenthalben als einer der wichtigsten Spieler gelobt. Bei jedem seiner Auftritte in Qualifikation und Endrunde hat der 12-fache Torschütze beste Kritiken erhalten.

Die Sportpresse bezeichnet ihn in Rückblicken als „Motor“ des deutschen Spiels und rühmt sein Kopfballspiel. „Wuchtig nicht nur vor dem Tor, voll ungestümer aber fairer Wucht auch im Mittelfeld“, heißt es beispielsweise im „Kicker“.

Für beide Fußballer ist der WM-Gewinn Höhepunkt der Karriere. Die Krönung der zahlreichen Ehrungen findet vor 100.000 jubelnden Zuschauern im Berliner Olympiastadion statt, wo Mai und Morlock zusammen mit den anderen Weltmeistern von Bundespräsident Heuss das Silberlorbeerblatt, die höchste sportliche Auszeichnung, überreicht wird.

Besonders aufgeregt ist Morlock. Bei seiner ersten Begegnung mit Theodor Heuss im Jahr zuvor, am 22. März 1953 gegen Österreich in Köln, hatte ihn der fußballunkundige Politiker in ziemliche Schwierigkeiten gebracht. Morlock: „Die Spieler wurden dem Bundespräsidenten vorgestellt. Ich stand als letzter in der Reihe.

Als ich Heuss die Hand schüttelte, sprach er mich an: ‚Und sie sind sicher der Torwart?‘ Ich überlegte blitzschnell. Sollte ich Nein sagen und damit eine vielleicht peinliche Situation heraufbeschwören? Lieber nicht. ‚Ja, Herr Bundespräsident‘, sagte ich einfach, ‚ich bin der Torwart.‘“

Morlocks Nationalmannschafts-Karriere neigt sich nach der WM aufgrund von Krankheit (Gelbsucht), und Verletzungen allmählich dem Ende zu. Er kommt nur noch sporadisch zum Einsatz – einmal, 1956 gegen Irland, als Kapitän – und wird nicht in den Kader für die WM 1958 berufen. Überraschenderweise kommt er danach dann doch noch zu zwei Länderspielen. Sein letztes Tor ist der Ehrentreffer zum insgesamt blamablen 1:2 am 28. Dezember in Kairo gegen Ägypten.

„Charly“ Mai erhält nach dem WM-Triumph von 1954 noch fünf Jahre lang Berufungen zu Länderspielen, zählt aber nicht mehr zum absoluten Stamm. Mehrmals hat er sich mit dem bitteren Los des Ersatzspielers abzufinden, so zum Beispiel am 21. August 1955 in Moskau, als er sich mit dem Sammeln von Anstecknadeln die Zeit vertreiben muss und dafür von Werner Liebrich verspottet wird: „Charly, du musst für eine Spartak-Nadel mindestens fünf Kleeblattabzeichen geben, denn die Russen haben schon ganz verwundert gefragt, wo denn Fürth überhaupt liegt.“

Sein Abschiedsspiel in der Nationalmannschaft bestreitet Mai am 20. Mai 1959 an der Seite seines Mannschaftskameraden Ertl Erhardt gegen Polen in Hamburg (1:1). Der kantige Fürther Erhardt, der an diesem Tag erstmals die Kapitänsbinde tragen darf, bestreitet gegen die Polen bereits sein 29. Länderspiel. Bei der Weltmeisterschaft 1954 zählte der vielseitige Defensivspieler, der sowohl als Verteidiger, wie als Außen- oder Mittelläufer eingesetzt werden konnte, bereits zum Kader, musste aber dem Kaiserslauterer Kohlmeyer den Vortritt lassen. Das wurmte ihn so, dass er mit enormem Ehrgeiz weiter an der Verbesserung seiner Fähigkeiten arbeitete: „Ich habe immer mehr trainiert als die anderen, habe allein Waldläufe absolviert und bin stets eine Stunde vor Trainingsbeginn auf dem Platz gestanden, um speziell mein Kopfballspiel zu verbessern." Tatsächlich eroberte sich Erhardt mit seinem Trainingsfleiß und seinem kompromisslosen und zuverlässigen Spiel einen Stammplatz in der Nationalmannschaft.

Einer der größten Höhepunkte seiner Karriere war das 2:0 gegen Spanien am 13. März 1958, als er den berühmten Alfredo di Stefano ausschaltete. Bei der anschließenden Weltmeisterschaft in Schweden war er einer der besten Spieler des Turniers überhaupt. Deutschland kam bis ins Halbfinale gegen den Gastgeber. Erhardt: „Der Einzug ins Endspiel war uns aber offensichtlich nicht gegönnt. Nach einem harmlosen Foul wurde unser Verteidiger Juskowiak vom Platz gestellt und so verloren wir unter skandalösen äußeren Bedingungen gegen die heimische schwedische Mannschaft mit 1:3. Während wir später auch das Spiel um den dritten Platz verloren – mein Gegner war der damals berühmte Torjäger Just Fontaine -, wurde die Supermannschaft Brasiliens Weltmeister."

Vier Jahre später, bei der WM 1962 in Chile, ist „Dauerbrenner" Erhardt immer noch dabei. Vor dem Turnier hatte Bundestrainer Sepp Herberger viermal den Club-Mittelläufer Nandl Wenauer getestet. Dieser hatte auch gute Leistungen gezeigt, doch nach der happigen 0:4-Niederlage des Club im Meisterschaftsfinale gegen den 1. FC Köln, für die Herberger hauptsächlich Wenauer verantwortlich machte, nominierte er für Chile statt des jungen Nürnbergers noch einmal den Routinier Erhardt.

Nach dem neuen System, das man sich von den Italienern abgeguckt hat, spielt Deutschland erstmals mit zwei Mann in der Innenverteidigung: Karl Heinz Schnellinger als Libero, Erhardt als Vorstopper. Die Position ist für den eisenharten Defensivkünstler, der als Meister des „Tacklings" gerühmt wird, wie geschaffen.

Nach zwei Siegen über Chile und die Schweiz und einem Unentschieden gegen Italien in der Vorrunde trifft das deutsche Team am 10. Juni 1962 im Viertelfinale auf Jugoslawien. In einem überlegen geführten Spiel will für Deutschland kein Tor fallen. „Denkbar unglücklich", wie Ehrhardt meint, geht das Spiel mit 0:1 verloren. Als Trost bleibt ihm immerhin die Erinnerung an die „unübertreffliche Gastfreundschaft" der Chilenen.

Die Revanche gegen Jugoslawien am 30. September desselben Jahres in Zagreb ist Erhardts 50. und letztes Länderspiel. In den zehn Jahren seiner Nationalmannschaftskarriere hat der Fürther so viele Spiele absolviert wie kein anderer und hat dabei viele „Eintagsfliegen“ kommen und gehen sehen, darunter auch den einzigen Nationalspieler Aschaffenburgs, Rudi Hoffmann, der 1955 gegen Irland zu seinem ersten und einzigen A-Länderspiel gekommen war.

Für den würdigen Abgang des als Kapitän aufgelaufenen Routiniers, der kurz zuvor von Fürth zu den Bayern nach München gewechselt war, sorgt in Zagreb ausgerechnet ein Nürnberger. Alle drei Tore beim 3:2 schießt der in Chile nicht berücksichtigte Club-Stürmer Heinz Strehl. Zwar kommen Strehl und der neben ihm auf der linken Läuferposition debütierende „Zabo-Rastelli“ Steff Reisch noch zu weiteren Einsätzen in der Nationalelf, doch irgendwie kann der Bundestrainer für Spieler des 1. FCN seit dem Abschied von Max Morlock nie mehr eine rechte Liebe entwickeln. Die Zeiten, da Weltmeister und Rekordnationalspieler aus Nürnberg-Fürth kommen, sind nun vorbei.

1963 – 1982
BUNDESLIGA-TRÄUME

1972, Effeltrich
Ein Dorfverein in der Bezirksliga

August 1972. Bei seinem ersten Spiel in Berching liegt der Bezirksliga-Aufstieger SpVgg Effeltrich schnell mit 0:5 hinten. Die Dorfkicker haben keine Chance mehr auf den Sieg, aber vielleicht, denkt sich zumindest Stürmer Walter Kern, könnte man ja noch einen Spielabbruch erreichen. Als er bemerkt, dass ein Torpfosten des Berchinger Gehäuses angefault ist, erinnert er sich nämlich an den berühmten „Torbruch von Mönchengladbach“: Im April 1971 war das Bundesligaspiel Gladbach-Bremen abgebrochen und mit 2:0 für die Bremer gewertet worden, da die Gladbacher das schadhafte Tor nicht hatten reparieren können.

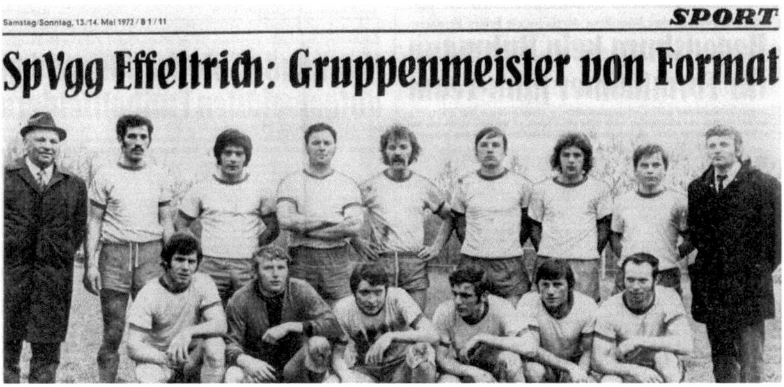
Samstag/Sonntag, 13./14. Mai 1972 / B 1 / 11

SPORT

SpVgg Effeltrich: Gruppenmeister von Format

Also rammt der Kerns Walter nach einem Eckball den angefaulten Pfosten und springt anschließend mit voller Wucht ins Tornetz. Das morsche Gebälk bricht tatsächlich zusammen. Doch anders als die Gladbacher im Jahr zuvor, schaffen es die Berchinger, das Gehäuse während der vom Schiedsrichter verfügten Spielunterbrechung wieder einigermaßen herzustellen. Das Spiel wird zu Ende gebracht, Effeltrich muss sogar noch ein weiteres Gegentor hinnehmen.

Auch in den folgenden Spielen haben die Kicker aus der kleinen 1.500-Seelen-Gemeinde im Landkreis Erlangen-Forchheim nicht viel zu bestellen. Nach acht Spieltagen liegen sie mit 2:14 Punkten am Tabellenende. Doch dann starten sie zu einer furiosen Aufholjagd. Unterstützt von begeisterten Zuschauern – zu den Heimspielen reisen aus dem ganzen Landkreis bis zu 2.500 Fans an – dringen sie bis an die Spitze der Liga vor, am Ende landen sie auf einem respektablen vierten Platz.

Der Erfolg des kleinen Dorfvereins ist eine richtige Sensation. Jahrelang waren die Effeltricher ausschließlich damit beschäftigt, den Abstieg aus der B-Klasse zu vermeiden, 1971 waren sie nur aufgrund einer Gruppenneugestaltung als Tabellenvierter in die A-Klasse aufgestiegen. Dort stürmte die mit sieben Jugendspielern verjüngte Mannschaft in einer tollen Saison mit 18 Siegen und nur fünf Niederlagen an die Tabellenspitze. Am Ende hatte sie drei Punkte Vorsprung vor dem favorisierten SC Aisch und war damit Meister der A-Klasse Erlangen-Forchheim und Aufsteiger in die Bezirksliga. Verantwortlich für diesen Erfolg, so Spielleiter Egon Kraus, sei vor allem Trainer Helmut Weber gewesen, der „die Mannschaft zu einem in der Vereinsgeschichte einmaligen Spielkörper geformt“ habe.

Insgesamt neun Jahre lang sorgt der „einmalige Spielkörper“ in der Bezirksliga für Furore. Geld bekommen die Spieler natürlich keines. Man kickt für die Ehre, höchstens für eine Brotzeit oder einige Maß Bier. Alle Mitglieder der Mannschaft sind „echte“ Effeltricher, alle sind sie aus der eigenen Jugend hervorgegangen.

Einen großen Zusammenhalt gibt dem Team das Beisammensein im eigenen Vereinsheim. 1967/68 war es, beinahe ohne Geld, in Eigenleistung errichtet worden. Die öffentlich abgehaltenen Spielersitzungen sind immer voll besucht, es sind Kultveranstaltungen, die jede Bürgerversammlung locker in den Schatten stellen. Die Meinung der gesamten Bevölkerung wird in Fragen der Aufstellung und Taktik berücksichtigt. Oft heißt es: „Wenn ihr am Samstag gewinnt, gibt's ein 50er Fässla.“

Kein Wunder, dass das Sportheim nach jedem Sieg brechend voll ist. Aber auch nach Niederlagen wird gefeiert. Mannschaft und Fans singen und trinken bis in die frühen Morgenstunden. Feucht-fröhlich geht es auch auf den Auswärtsfahrten zu. Effeltricher Busse, in denen lautstark Vereinslieder („Weiß und blau ist unsere Spielergarnitur“) angestimmt werden, verbreiten an Spieltagen in Auerbach, Bad Windsheim, Neumarkt, Höchstadt oder Schwabach Furcht und Schrecken.

1971, Hof
Vorteil für die „kleinen“ Bayern

Im Jahr 1971 bekommt der Spielausschussvorsitzende Armin Möbius vom FC Bayern Hof einen Klassespieler zum Schnäppchenpreis. Als Dreingabe zu Werner Seubert wechselt für ein Taschengeld auch Ludwig Schuster vom 1. FCN nach Hof. In Nürnberg ist man nicht traurig – lediglich fünf Regionalligaspiele und kein einziges Tor stehen für den Offensivspieler zu Buche.

Dann aber sorgt Schuster in Hof für Furore. Zusammen mit Breuer bildet er den besten Sturm der Liga. Höhepunkt ist im November 1972 ein 3:0 der Gelb-Schwarzen in Nürnberg. Armin Möbius: „Schuster hat ein Riesenspiel

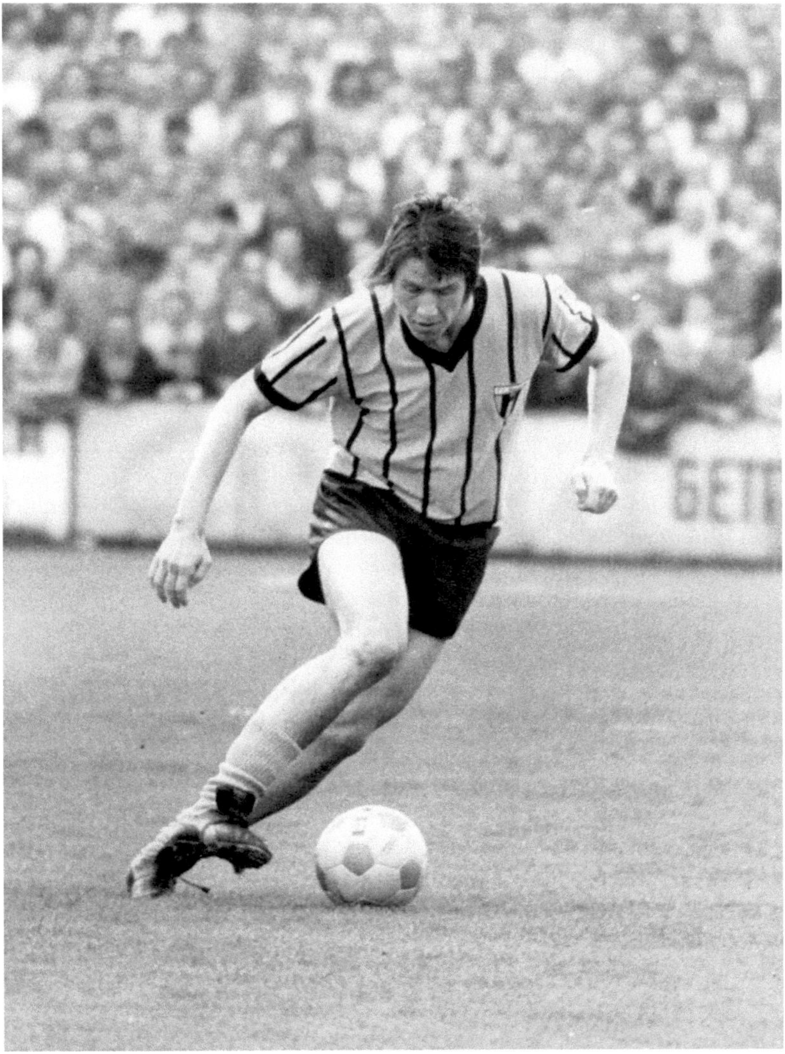

Für Hof erfolgreich am Ball: Ludwig Schuster. Markenzeichen des spielstarken Torjägers sind die immer heruntergelassenen Stutzen.

gemacht. Seinen Gegenspieler, den Dieter Nüssing, hat er zur Sau gemacht. Die Zuschauer haben gepfiffen und gebrüllt. Und gestaunt: Wie man nur so einen Spieler abgeben kann!"

Schuster war nicht der erste Topp-Transfer des Armin Möbius. Seinen ersten Coup landete er 1959, als er den Stürmer-Star der SpVgg Bayreuth, Adolf

Lindner, kurzerhand im Auto entführte. Bayreuths Trainer Fritz Semmelmann, der von dem Vorgang Wind bekommen hatte, war zwar sofort nach Hof gefahren, um seinen Schützling zurückzuholen. Er konnte jedoch von Lindner keine Spur mehr entdecken.

Möbius hatte seinen Neuzugang am Wörther See versteckt und dort abgewartet, bis der Stichtag für den Vereinswechsel abgelaufen war. In der Oberliga sorgte er dann tatsächlich für Aufsehen. Beim legendären 8:3 gegen Bayern München auf der „Grünen Au“ schoss der Stürmer auf Halblinks drei Tore.

Auch mit dem Verkauf von Spielern machte Möbius oft gute Geschäfte. Seine Partner hingegen wurden in der Regel wenig glücklich. Als der Hofer Spielmacher Alfred Horn 1961 nach Frankfurt transferiert wurde, landete er dort nach nur 46 Spielen in der Reserve. Rechtsaußen Werner Arnold, der 1962 beim 5:0 der „kleinen“ Bayern bei den „großen“ Bayern seinen Gegenspieler Werner Olk schwindlig gespielt hatte, brachte dann wenig später im Trikot der Münchner kaum mehr etwas zustande.

Ganz ähnlich läuft es 1975 mit Ludwig Schuster. Nach Bobby Breuer, der drei Jahre zuvor zu Wacker Innsbruck wechselte, ist Schuster der zweite Topp-Spieler des Hofer, der zur Sanierung der maroden Finanzen verkauft werden muss. „Natürlich haben alle geschimpft“, so Armin Möbius. „Aber wir konnten sie nicht mehr halten. Mit dem Geld für Schuster haben wir die Mannschaft zwei Jahre lang finanziert.“

400.000 DM plus ein Gastspiel legen die Münchner Bayern auf den Tisch. Glücklich werden sie jedoch mit ihrem teuren Neuzugang nicht. Schuster bestreitet nur ein paar gute Spiele, dann erleidet er am 6. Oktober 1975 im Supercup-Spiel bei Dynamo Kiew einen Knöchelbruch. Er kommt danach nicht mehr richtig in Schwung und wird von den Münchnern nach Saarbrücken ausgeliehen.

Mitverantwortlich für den rechtzeitigen Transfer von Schuster war Geschäftsführer Hans Schübel. Immer wieder hatte er Armin Möbius ermahnt: „Verkauf deinen Schuster! Wenn der sich verletzt, dann kriegen wir keinen Pfennig mehr.“ So konnten die „kleinen“ Bayern ihren Reibach machen, und die „großen“ Bayern waren die Dummen.

Noch jahrelang verdreht der Münchner Manager Robert Schwan die Augen, wenn er Armin Möbius begegnet. „Ach Gott, wenn ich den nur seh', den Lumpen! Ein Vermögen hab' ich bezahlt für den Schuster, und gebracht hat er überhaupt nichts.“ Hofs Spielausschuss-Vorsitzender bleibt die Antwort nicht schuldig: „Dass er verletzt wird, da kann er nichts dafür, Herr Schwan. Der Schuster war ein Riesenfußballer, und bei uns hat er Fußball gespielt. Und wissen sie, warum? Wir haben viel frische Luft da droben.“

1973, Nürnberg/Bayreuth
Ein Weitschuss und ein Blindschuss

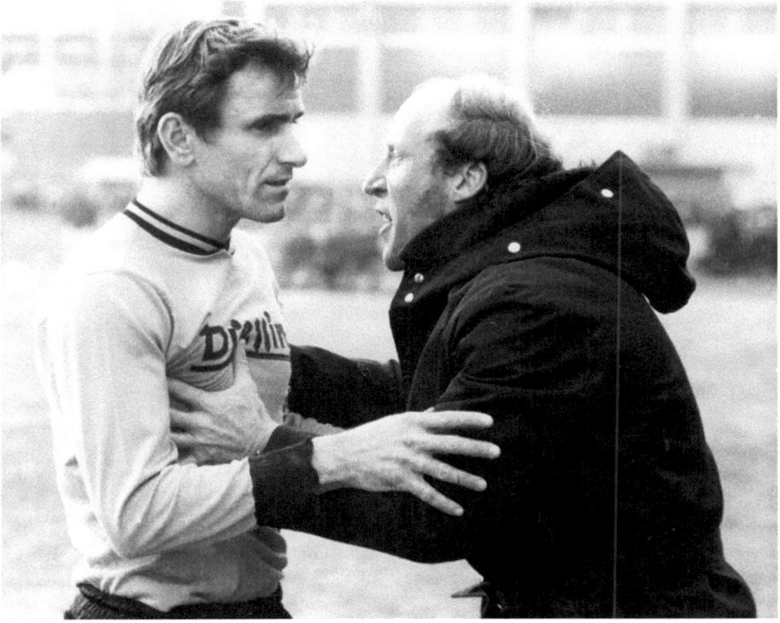

Das Bayreuther Fußball-Idol Manfred Gößler 1976 mit Trainer Happ beim Derby gegen den Club in Bayreuth, das die Altstädter mit 3:4 verloren haben.

Für das Bayreuther Fußball-Idol Manfred Größler ist es bis heute „das dramatischste Spiel, das ich in der Regionalliga mitgemacht habe“: Der 2:1-Sieg beim 1. FC Nürnberg vor rund 50.000 Zuschauern am 24. Spieltag der Saison 1972/73. Fast das ganze Spiel über beherrscht der Club die Bayreuther, kann mit drei oder vier Toren führen, aber es gelingt ihm nur eins.

Wie es manchmal so ist beim Fußball, dreht sich das Spiel in den letzten zehn Minuten, als die Kraft beim Club nachlässt. Die Altstädter wittern ihre Chance und spielen energisch nach vorne. Vorstopper Rolf Kaul treibt den Ball auf Höhe der Mittellinie, plötzlich zieht er ab. Es wird ein gefährlicher Aufsetzer, Nürnbergs Torwart Hesselbach wird überrascht und muss den Ball passieren lassen. Rundfunk-Reporter Sammy Drechsel versucht sich in seinem Livekommentar an einer Erklärung: „Ich glaube, er wollte gar nicht aufs Tor schießen, er wollte den Ball einfach mal in den Strafraum reinbringen. Ein böser Aufsetzer, und Hesselbach, ich nehme gern in solchen Fällen einen Torhüter in Schutz, weil ich einfach weiß, wie blöd solche Aufsetzer sind ...fast unberechenbar ...“

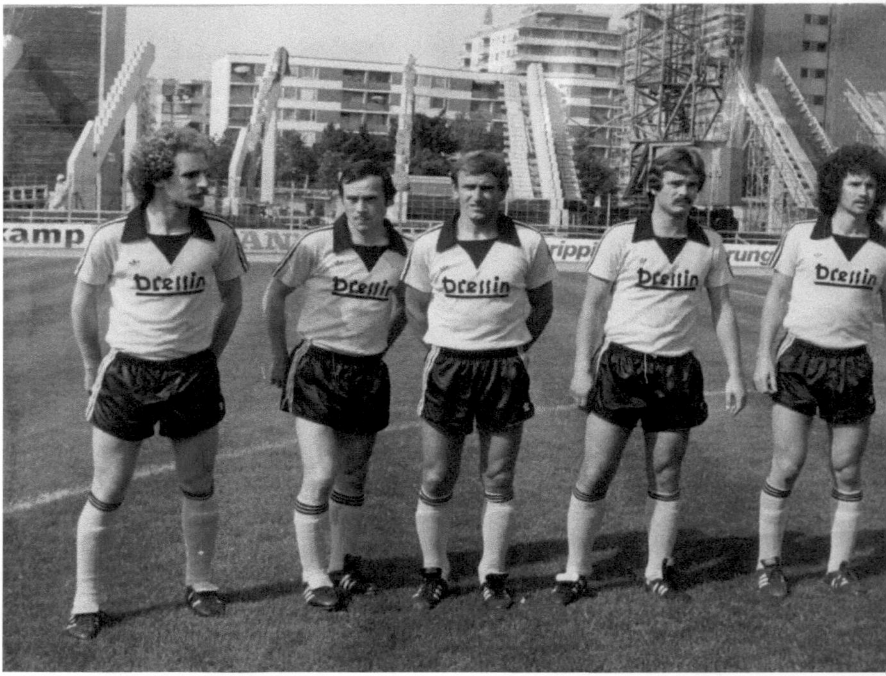

Das Team der SpVgg Bayreuth, das 1979 für Furore sorgte, präsentiert sich auf der Baustelle des neuen Stadions.

Kurz darauf ein Freistoß für die Spielvereinigung. Manfred Größler läuft an und versenkt den Ball an der schlecht postierten Mauer vorbei zum 2:1 ins Netz. Der Torschütze erinnert sich: „Ich hab' mir den Ball hingelegt und gedacht: Jetzt Augen zu und voll draufhalten. Und mein Schuss war so kerzengerade neben der Mauer vorbei, der hat neben dem Pfosten eingeschlagen. Wir haben es gar nicht glauben können."

So endet das Spiel, das der Club eigentlich schon sicher in der Tasche hatte, mit 2:1 für die Bayreuther, die von ihren jubelnden Fans vom Platz getragen werden. Sammy Drechsel schließt seine Reportage mit den Worten: „Man kann es nicht fassen, was hier geschehen ist." Und der Held des Spiels, Manfred Größler, staunt immer noch: „So ein Spiel werde ich so schnell nicht mehr erinnern."

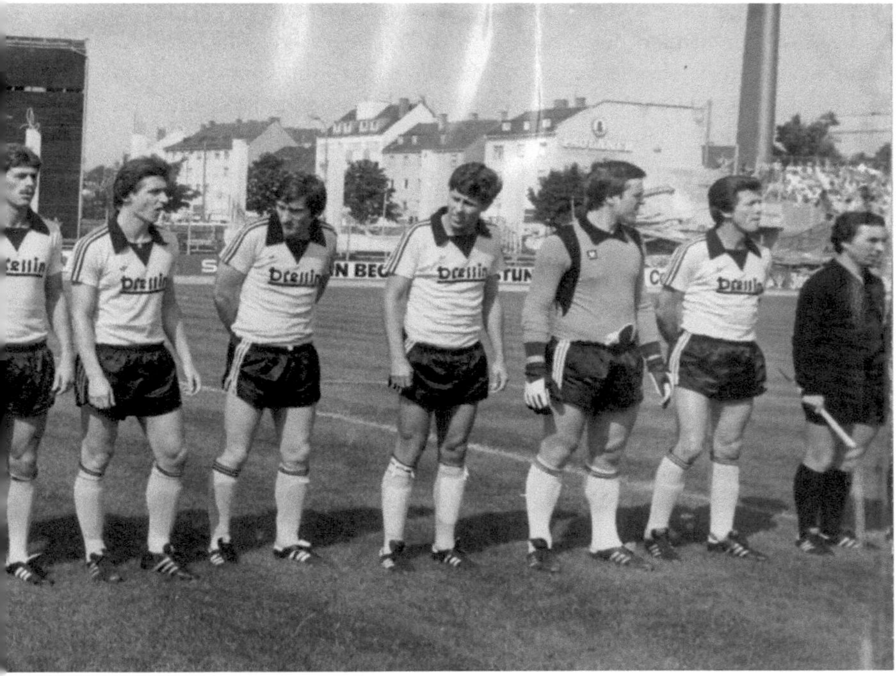

Ab 1976, Franken
Kleiner und großer Pokal

Mit Stolz vermerken die Chroniken vieler kleinerer Vereine, so zum Beispiel des SC Weismain und des SV Pretzfeld, Finalsiege im Guttenberg-Pokal, dem alljährlich in den Landkreisen ausgespielten Turnier für die unterklassigen Amateurvereine. Im „großen" Pokal, dem DFB-Pokal, haben Vereine aus den Niederungen des Amateurfußballs natürlich keine Chance auf Finalsiege. Aber ab und zu kann es zu Spielen kommen, die als „große Festtage" in die Geschichte des jeweiligen Vereins eingehen.

Im Spieljahr 1976/77 erreicht der Bezirksligist TuS Feuchtwangen die 2. Hauptrunde des DFB-Pokals. Am 16. Oktober 1976 empfängt der mittelfränkische Verein aus der fünften Liga vor 6.000 Zuschauern die eben aus der 2. Liga abgestiegene DJK Gütersloh. Bis Mitte der 2. Halbzeit liegt Feuchtwangen nach Toren von Hauck und Pöhlmann in Führung. Dann kommt Gütersloh noch heran und gewinnt schließlich in der Verlängerung mit 3:2.

DFB-Pokal-Normalität ist hingegen der Erfolg des A-Klassenvereins SV Laufamholz im Jahr darauf. Angetreten mit dem ehemaligen Clubspieler Otmar Mußgiller gewinnen die Laufamholzer gegen die eine Klasse tiefer spielende DJK Eintracht Süd mit 2:0. Trainer Adi Ruff, ebenfalls ein ehemaliger Clubspieler, kommentiert den Sieg – so jedenfalls die Version von AZ-Spezi Klaus Schamberger – hocherfreut: „So, Männer, edzer simmer im Bogal scho widder a Rundn weider und sin under die ledzden sechshundertachderfuchzig Mannschafdn. Herzlichen Gliggwunsch!"

1979, Bayreuth
Eine Sau für die Löwen-Dompteure

Am vorletzten Spieltag 1978/79 muss der TSV 1860 München bei der SpVgg Fürth antreten. Würden die Löwen dort verlieren und würden die Bayreuther ihre beiden letzten Spiele gegen den FSV Frankfurt und Borussia Neunkirchen gewinnen, würden sie als Zweitligameister direkt in die Bundesliga aufsteigen.

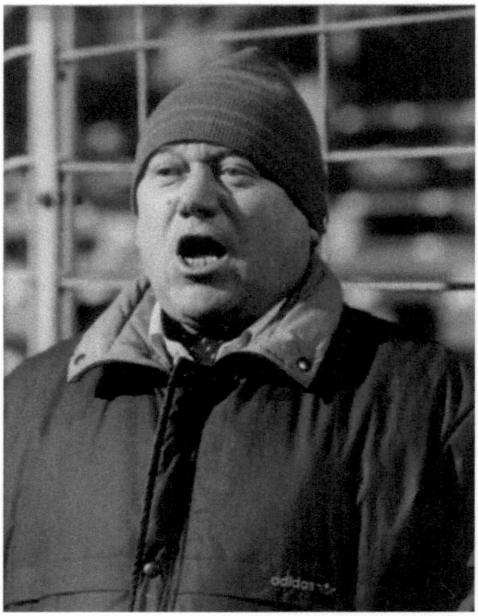

Hans Wölfel, beliebter und beleibter Präsident der SpVgg Bayreuth.

Hans Wölfel, Besitzer einer Großschlächterei und einer der Gönner der SpVgg Bayreuth, verspricht den Fürthern im Falle eines Sieges 100 Liter Bier und eine „Dreizentnersau". Doch dann gibt es vor 7.000 Zuschauern im Stadion am Ellrodtweg das große Fiasko. Bis zur 40. Minute erzielen die Frankfurter vier Tore! Nach dem Wiederanpfiff gelingt Manfred Größler zwar per Elfmeter der Anschlusstreffer zum 1:4, aber das Blatt kann nicht mehr gewendet werden. Das Spiel endet 2:4.

Manfred Größler fasst die Enttäuschung nach dem Spiel in die Worte: „Wir sind wieder mal an unseren Nerven gescheitert." Unabhängig davon verdienen sich die Fürther dennoch Bier und Sau. Mit 2:1 schlagen sie im Ronhof den TSV 1860. Da sowohl die Münchner wie die Bayreuther ihr letztes Spiel gewinnen, ändert sich in der Tabelle jedoch nichts mehr. Meister werden die Löwen, den Altstädtern bleibt nur Platz zwei.

Immerhin: Der spätere Präsident Hans Wölfel hat mit seiner Rechnung richtig gelegen, dass Unterstützungs-Siege anderer Mannschaften mit Schweineschmalz geschmiert werden können. Oder doch nicht? Bobby Breuer meint im Rückblick, dass man zu sehr auf das Spiel der Löwen im Ronhof geblickt habe. Die im Fall eines Sieges versprochene Sau „war wahrscheinlich schon der entscheidende Punkt: dass wir zu sehr da rüberschielten. Wir mussten ja erst einmal unser Spiel gewinnen ..."

So bleibt mit einem Satz zu schließen, den der beliebte Hans Wölfel, nunmehr Präsident, im Jahr 1989 nach einer Niederlage seiner Spielvereinigung äußert: „Wenn wir gewonnen hätten, hätte ich ja vielleicht sagen können, dass der Sieg verdient war. In der zweiten Halbzeit haben wir ja einen Sturmlauf auf ein Tor gemacht."

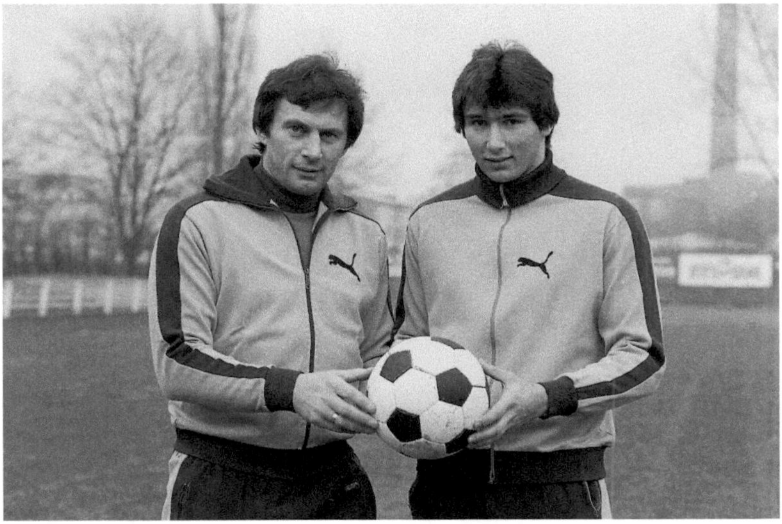

Ferdinand Wenauer Senior und Junior

Ab 1975, Franken
Spielertrainer in der Provinz

Anfang Februar 1982 verpflichtet der damalige Landesligist SSV Jahn Regensburg den ehemaligen Nürnberger Nationalspieler Steff Reisch als Trainer. Am 28. Februar, als ein Auswärtsspiel beim ASV Herzogenaurach ansteht, meldet sich Reisch krank. Jahn verliert mit 0:2. Was die Regensburger aber zu diesem Zeitpunkt noch nicht wissen: Reisch spielt zum gleichen Zeitpunkt, offensichtlich kerngesund, für den B-Klassisten TSV Flachslanden als Spielertrainer. Nachdem der Vorfall bekannt wird, bietet Reisch seinen Rücktritt an. Die Regensburger sind sauer, beschließen aber dennoch, den Nürnberger bis Saisonende zu behalten. Reisch entschuldigt sich und verzichtet auf sein Februar-Gehalt.

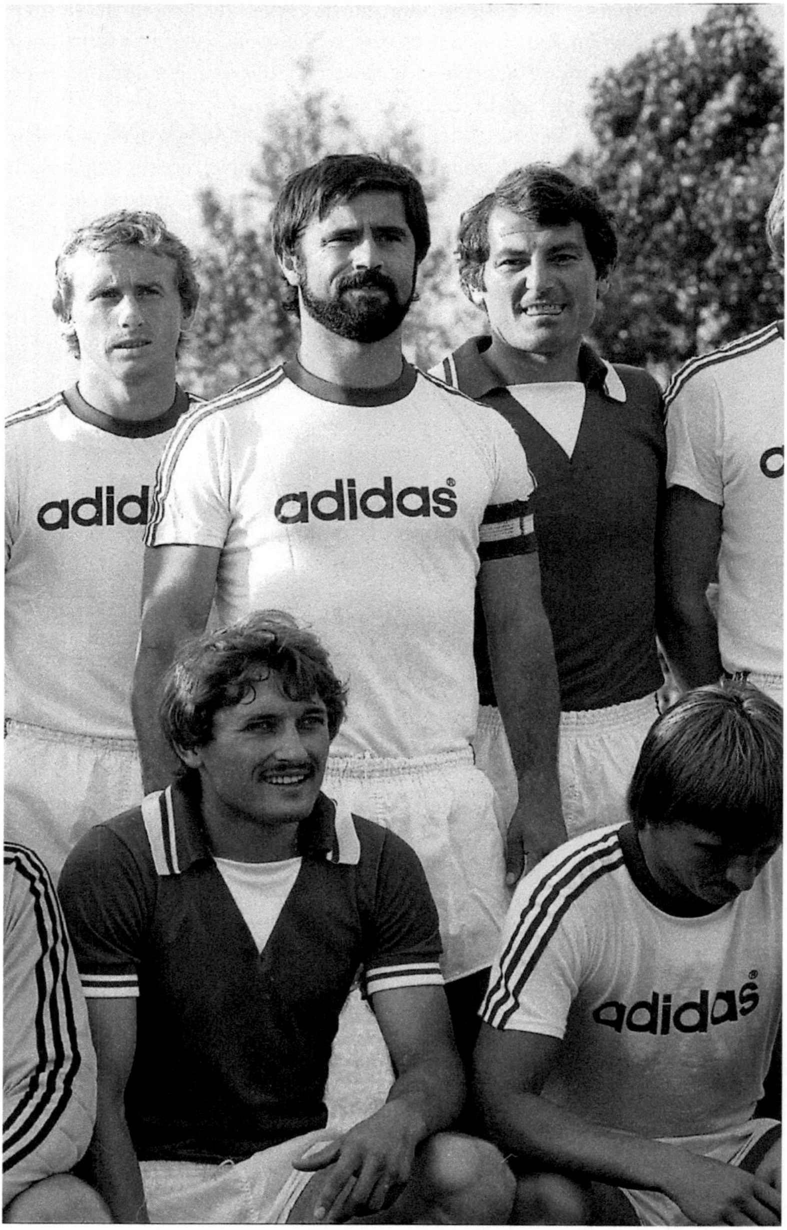

Gerd Müller und Namensvetter Luggi Müller als Altherrenspieler

Im „Kicker" erklärt der Sünder sein Verhalten mit folgenden Worten: „Das war eine einmalige Verfehlung, die ich inzwischen bereue. Aber die Begegnung in Bürglein war von ganz enormer Bedeutung." Immerhin: Der TSV Flachslanden hat mit Reisch die enorm bedeutende B-Klassen-Auswärtspartie in Bürglein mit 1:0 gewonnen.

Zur gleichen Zeit ist ein anderer ehemaliger Nationalspieler des 1. FC Nürnberg, Luggi Müller, als Trainer beim Bayernligisten 1. FC Bamberg tätig. Als sich der sportliche Erfolg nicht recht einstellen will, sucht Müller die Konfrontation mit der Mannschaft. „Er schäme sich", meint er nach einem 0:7-Debakel bei Wacker München, „als Trainer dieses Teams auf der Bank zu sitzen." Müller kann sich nicht durchsetzen und verlässt Bamberg im Januar 1983. Einen neuen Verein sucht er sich als Trainer nicht mehr. Seine Begründung: „Ich möchte mich nicht mehr ärgern." Also kickt er lieber selber noch ein wenig. Noch als 52-Jähriger riskiert er seine Gesundheit im Trikot seines Heimatvereins 1. FC Haßfurt: Er erleidet einen Schien- und Wadenbeinbruch im Lokalderby gegen den 1. FC Sand. Dasselbe ist ihm als Profi, 1971 bei Borussia Mönchengladbach im Spiel gegen Inter Mailand, schon einmal passiert.

Vor Reisch und Müller gingen bereits etliche andere Spieler aus der 68er Meistermannschaft des 1. FC Nürnberg, denen das Dasein in ihrem Toto-Lotto-Laden zu langweilig war, im gesetzten Fußballeralter in die fränkische Provinz, um dort die aktive Karriere fließend in die passive, die Trainerkarriere, übergehen zu lassen. Heinz Strehl, mit 76 Treffern bis heute der erfolgreichste Bundesliga-Torschütze des 1. FCN, ließ Anfang der 70er Jahre beim SV Schwaig seine Karriere als Spielertrainer ausklingen. Ferdinand Wenauer, 1972 beim Club von Tschik Cajkovski aufs Abstellgleis geschoben, wechselte zum 1. FC Herzogenaurach, wo er ab 1975 als Trainer einstieg. Weitere Stationen waren der SK Lauf und der TSV Altenfurt, 1980 stand er bei Jahn Forchheim an der Seitenlinie, wo sein Sohn, Ferdinand Wenauer II, inzwischen Libero spielte.

Der ehemalige Klassestopper Wenauer fühlt sich wohl in den „Niederungen" des Amateurfußballs. Weil er das „Zigeunerleben" satt habe, meint er einmal, habe er gar keine Lust, höherklassige Vereine zu trainieren. Auch der stille Heinz Strehl bleibt bis zu seinem frühen Tod im August 1986 in der fränkischen Provinz tätig. SV Gaustadt, SC Grundig Fürth und SV Seukendorf lauten die Stationen. Wenauer feiert seinen letzten Erfolg beim TSV Katzwang, mit dem er 1992, wenige Woche vor seinem Tod, in die Landesliga aufsteigt.

Im Jahr 2002 sorgt der Trainer des FC Bayern Hof, Ex-HSV-Profi Harald Spörl, für Aufsehen, als er für den SV Memmelsdorf in der Landesliga antritt. Seine Begründung: Er habe als ehemaliger Hochleistungssportler ein doppelt so großes Herz wie normal und müsse daher ganz langsam abtrainieren. Vielleicht hätten auch die viel zu früh verstorbenen Heinz Strehl und Nandl Wenauer noch etwas länger selber kicken sollen, statt sich nur noch auf der Trainerbank zu ärgern.

Ab 1981, Nürnberg
Zwei Altmeister als Trainer

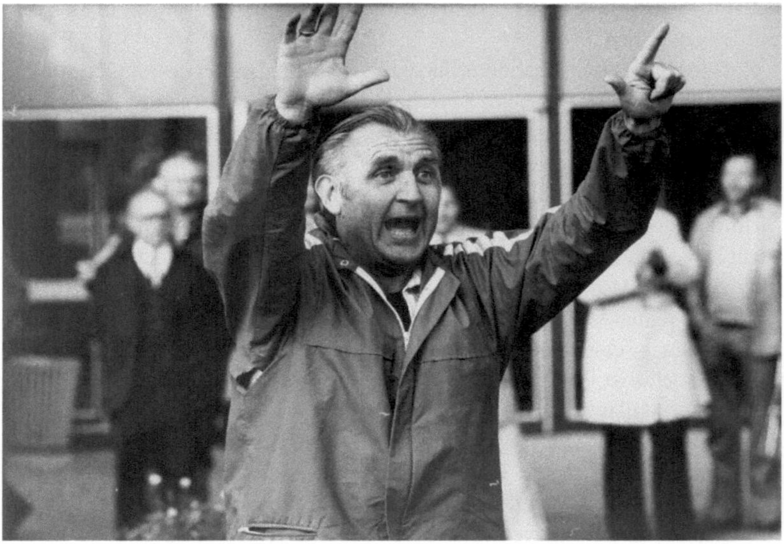

Heinz Elzner als Trainer der SpVgg Bayreuth (1977–1980)

Am Faschingsdienstag 1981 verliert der Club zuhause mit 1:2 gegen 1860 München. Club-Präsident Michael A. Roth entlässt Trainer Horst Hesse und ersetzt ihn durch Amateurtrainer Fritz Popp. Aus Protest gegen diesen 20. Trainerwechsel beim 1. FC Nürnberg seit 1963 tritt Norbert Eder von seinem Amt als Kapitän zurück. Auch der DFB protestiert, weil der neue Mann keine Lizenz als Fußball-Lehrer besitzt. Roth braucht also für die letzten drei Saisonspiele einen Strohmann. Den findet er in Fred Hoffmann.

Mit dem Duo Popp/Hoffmann sichert sich der Club die nötigen vier Punkte zum Klassenerhalt. Hoffmanns Bilanz als Bundesliga-Trainer: zwei Auswärts-Unentschieden (jeweils 1:1 in Schalke und in Leverkusen), ein Heimsieg (2:0 gegen Bielefeld).

„Ich bin kein Strohmann", hatte Hoffmann bei seinem Amtsantritt erklärt. Nicht nur die Ergebnisse, auch sein Lebensweg unterstreichen diese Aussage. Kaum ein anderer Fußballer hat eine derartige Karriere im fränkischen Fußball vorzuweisen wie der am 10. Juni 1918 geborene Fred Hoffmann. In seiner aktiven Zeit trug er unter anderem das Trikot der SpVgg Fürth und des 1. FC Bamberg, für den er in dessen einzigem Oberliga-Jahr 1946/47 fast alle Spiele bestritt. Danach spielte er bei Viktoria Aschaffenburg, wo er erste Erfahrungen als Trainer und Manager machte.

Anschließend wirkte er unter anderem in Hof und in Fürth jeweils mehrere Jahre, außerhalb Frankens betreute er Vereine wie Waldhof Mannheim, den SSV Ulm und den SSV Reutlingen. In Ulm landete er mit der Entdeckung des

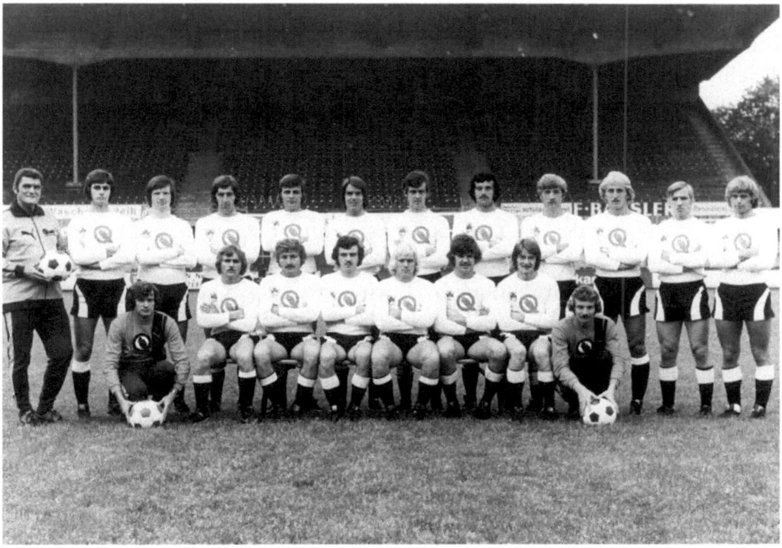

Fred Hoffmann als Trainer der SpVgg Fürth (1974/75)

Torwarts Wolfgang Fahrian seinen größten Coup. Am 4. September 1960 gab Fahrian sein Debüt bei den Spatzen, nicht einmal zwei Jahre später stand er - als Zweitliga-Torwart (!) – bei der WM in Chile im Kasten der Nationalmannschaft.

Hoffmanns Nachfolger beim Club wird im Jahr 1981 ein Mann, den er 1974 bei der SpVgg Fürth abgelöst hatte: Heinz Elzner. Der ehemalige Mittelläufer aus Hannover, Jahrgang 1928, hatte seine Trainerkarriere beim VfB Helmbrechts begonnen und war Ende der 60er Jahre Auslöser des Höhenflugs des FC Bayern Hof, den er zweimal (1967 und 1968) in die Bundesliga-Aufstiegsrunde führte. Nach Stationen in Regensburg und Fürth kehrte er vor der ersten Saison der 2. Liga Süd 1974 zu den Bayern zurück, wo er mit dem vierten Platz 1976 noch einmal einen respektablen Erfolg erzielte.

Im Februar 1977 beendete eine 1:5-Niederlage gegen den Rivalen Bayreuth seine Zeit in Hof. Elzners Rache: Im Sommer wechselte er zu den Altstädtern. Damit begann der Abstieg von Bayern Hof, und zugleich, wie der Bayreuther Anzeiger feststellte, „die große Zeit der SpVgg Bayreuth". Höhepunkte waren der zweite Platz 1979 mit den Aufstiegsspielen gegen Uerdingen, sowie der Pokalsieg gegen den FC Bayern München am 12. Januar 1980, der dem Trainer sogar eine Einladung ins „Aktuelle Sportstudio" brachte. Als Trainer des Bundesligisten 1. FCN, zu dem er über den Umweg Augsburg gekommen war, agiert Elzner jedoch glücklos. Nach Niederlagen in Bochum, gegen Köln, in Frankfurt, gegen den HSV und in Duisburg lautet seine Bilanz am Ende des fünften Spieltags 0:10 Punkte. Präsident Michael A. Roth (Motto: „Im Profigeschäft musst du ein Arschloch sein, sonst bist du eine Witzfigur") reagiert auf die übliche Art: Er entlässt den Trainer.

Sein Nachfolger wird Udo Klug – nach Horst Heese, Fritz Popp, Fred Hoffmann und Heinz Elzner der fünfte (!) Trainer, der 1981 am Valznerweiher das Szepter übernimmt. Der 53-jährige Fußballtrainer sieht seine Entlassung gelassen: „Ich wusste von vorneherein, dass es schief gehen kann. 0:10 Punkte sind eine Tatsache, andere Vorwürfe habe ich mir nicht zu machen."

Die Gesamt-Bundesliga-Zeit Hoffmanns und Elzners beträgt ganze 510 Minuten. Etwas wenig Bewährungszeit für zwei Trainer, die mit Fug und Recht als „Altmeister" und „fränkische Urgesteine" bezeichnet werden können. Eine neue Chance erhalten beide nicht mehr.

Fred Hoffmann trainiert nach seinem Kurz-Engagement beim Club in unteren Ligen noch viele fränkische Vereine, unter anderem den FSV Bad Windsheim und den Traditionsverein SpVgg Nürnberg-Ost, wo er noch kurz vor seinem Tod im Jahr 1995 an der Seitenlinie steht. Heinz Elzner hingegen, ein gelernter Schuster, sagt dem Fußball Adieu. Bei der Firma Adidas wird er persönlicher Schuh-Betreuer von Tennisstars wie Martina Navratilova und Boris Becker.

Ab 1981, Würzburg
„Der FV 04 ist tot, es lebe der Würzburger FV!"

Im Jahr 1980 steigt der FV 04 Würzburg aus der 2. Liga ab. Der Abstieg bleibt nicht nur ein sportlicher Unfall. Der traditionsreiche Arbeiterverein aus dem Stadtteil Zellerau hat sich mit dem Abenteuer 2. Liga finanziell völlig übernommen. Es drückt eine Schuldenlast von 2,5 Millionen Mark. Das schlingernde Schiff kann nicht mehr gerettet werden.

Am 15. Mai 1981, der FV steht mittlerweile auch in der Bayernliga am Tabellenende, erfolgt der Gang zum Konkursrichter. Das Stadion an der Frankfurter Straße zählt zur Konkursmasse und wird später von der DJK Würzburg ersteigert. Der FV 04 wird aufgelöst.

Doch wer ein eingefleischter „Blauer" ist, der gibt nicht auf. Am 22. Mai 1981 gründen einige alte Nullvierer um Viktor Müller und Urgestein Sepp Endres – die „Seele des alten FV 04" ist seit 1929 Vereinsmitglied - einen neuen Verein, den Würzburger FV. Die Mainpost berichtet: „Der FV 04 ist tot, es lebe der Würzburger FV!" Man hofft, dass der neue Verein in der Landesliga an den Start gehen darf, doch die Verbandsoberen zeigen sich unnachgiebig: Ein neuer Verein muss ganz unten beginnen, in der C-Klasse. Als das klar ist, verlassen die letzten Spieler, die sich bereit erklärt hatten, sich dem Nachfolgeverein anzuschließen, den FV.

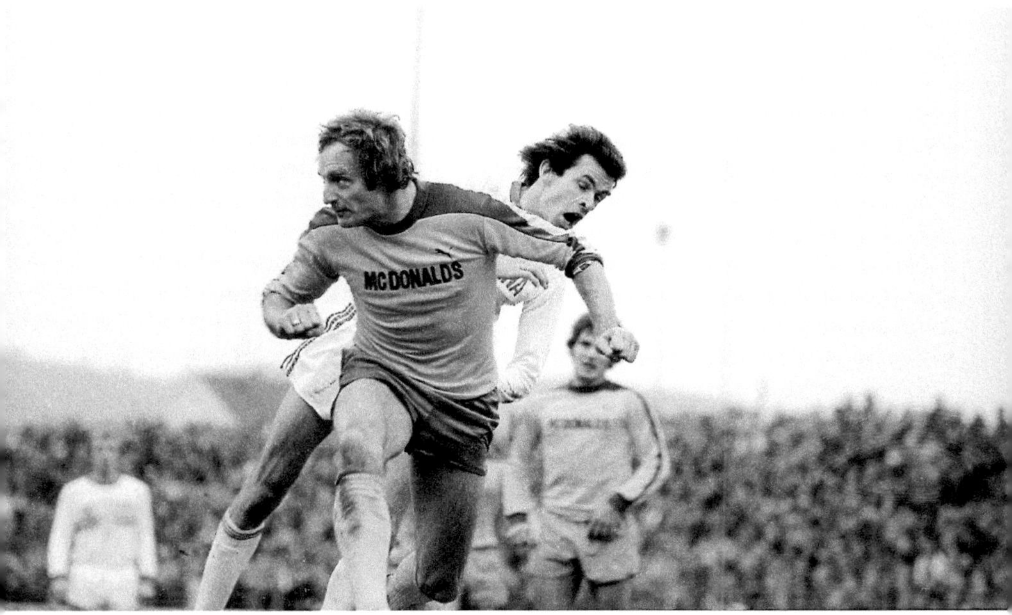

Zweitliga-Duell 1976/77 Würzburg 04 gegen VfB Stuttgart (0:3). Rechts zu erkennen: der spätere Trainer von Bayern München, Otmar Hitzfeld.

1981/82 kickt der C-Klassenverein zunächst noch im Stadion an der Frankfurter Straße, muss dann aber, da es dem Verein ja nicht mehr gehört, auf den Rotgrand-Platz an der Mainaustraße umziehen. Sportlich geht es auf dem neuen Gelände, der heutigen Sepp-Endres-Sportanlage, aufwärts. 1983 steigt man in die B-Klasse auf, 1985 in die A-Klasse. Dort erreicht der FV auf Anhieb den 2. Platz, in der Relegation gelingt sogar der Aufstieg in die Bezirksliga. In der ersten Bezirksliga-Saison, die man auf einem Mittelfeld-Platz beendet, sind auch die Rahmenbedingungen wieder erfreulicher: Durchschnittlich wollen respektable 400 Zuschauer die Spiele des Vereins sehen. Der neue FV hat viele Anhänger des alten FV 04 gewonnen!

In der neuen Bezirksoberliga mischt man ab 1988 ebenfalls oben mit, der Aufstieg in die Landesliga Nord ist 1991 geschafft. Das von Otmar Bauer trainierte Team um Spielmacher Christian Förster legt einen Start-Ziel-Sieg hin, wird mit einem riesigen Vorsprung Meister.

Nach sieben Jahren in der Landesliga, in denen man es zweimal bis in die Relegation schafft, gelingt schließlich 1999 unter dem neuen Trainer Paul Hupp endlich auch der heißersehnte Aufstieg in die Bayernliga. Nach 18 Jahren ist der FV dort angekommen, wo der alte FV 04 18 Jahre zuvor sein Ende gefunden hat.

In der Saison 2001/2002 erfolgt erst der Abstieg und dann ein triumphaler Abschluss der Landesliga-Saison 2002/2003: Mit 90 Punkten und 103 Tore sichert sich der WFV schon fünf Spieltage vor Schluss die Meisterschaft und die direkte Rückkehr ins bayerische Fußball-Oberhaus. Es folgen Jahre des Auf und Ab, dann die Etablierung als feste Größe in der Bayernliga und wieder ein Abstieg. 2011/2012 verpasst man in der Relegation gegen den SV Helmstetten denkbar knapp die Berechtigung zur Teilnahme an der neu eingeführten Regionalliga Bayern.

Seit 2012/13 spielt der Würzburger FV in der fünftklassigen Bayernliga Nord und ist hinter dem Stadtrivalen Würzburger Kickers die klare Nummer 2 in der Domstadt.

Ab 1924, Herzogenaurach
Adidas und Puma – Feindliche Brüder

Gefördert von dem ehemaligen Club-Torjäger Franz Brungs zeigt Lothar Matthäus bereits als 17-Jähriger tolle Spiele in der Landesliga-Elf des FC Herzogenaurach. Da der FC von der Sportartikel-Firma Puma unterstützt wird, bleiben Matthäus' fußballerische Qualitäten auch der Chefetage der Firma nicht verborgen. Damit das Talent beim richtigen Verein landet – Motto: Einmal Puma, immer Puma -, ruft PR-Chef Hans Nowak bei Jupp Heynckes an, dem Trainer des Puma-Klubs Borussia Mönchengladbach. Die Gladbacher bekunden Interesse, und so landet das jugendliche Energiebündel 1979 bei einer der ersten Puma-Adressen in der Bundesliga.

Der gebürtige Herzogenauracher Lothar Matthäus war schon als Kind mit dem Sportschuhfabrikanten Puma verbunden. Vater Heinz arbeitete als Schreiner und Hausmeister in der Firma von Rudolf Dassler, Mutter Katharina fertigte an ihrer Nähmaschine Teile für die berühmten Sportschuhe. Beides war nichts Besonderes, lebte doch fast der ganze Ort in irgendeiner Form von den Fabriken der verfeindeten Brüder Adolf und Rudolf Dassler. Der kleine Lothar wuchs in einem direkt neben dem Puma-Firmengelände gelegenen Backsteinhaus auf, und weil der Vater ihm immer Puma-Schuhe schenkte, wurde der Sohn im Jahr 1970 natürlich beim FC, dem Puma-Klub, angemeldet.

Der andere Verein in Herzogenaurach, der von Adidas gesponserte ASV, war für den jungen Matthäus tabu. Weder für Fußballer noch für Mitarbeiter war ein Wechsel zwischen beiden Firmen denkbar. Die Feindschaft zwischen Puma und Adidas schuf in der kleinen Ortschaft so tiefe Gräben, dass es sogar Lokale gab, die sich weigerten, einen Mitarbeiter des Konkurrenten zu bedienen. Und natürlich führte auch kein Sportfachhändler im Ort beide Marken.

Einzig die Schiedsrichter konnten sich ein Spielchen aus der Feindschaft der beiden Sportschuh-Fabrikanten machen. Der Pfeifenmann, der eine neue

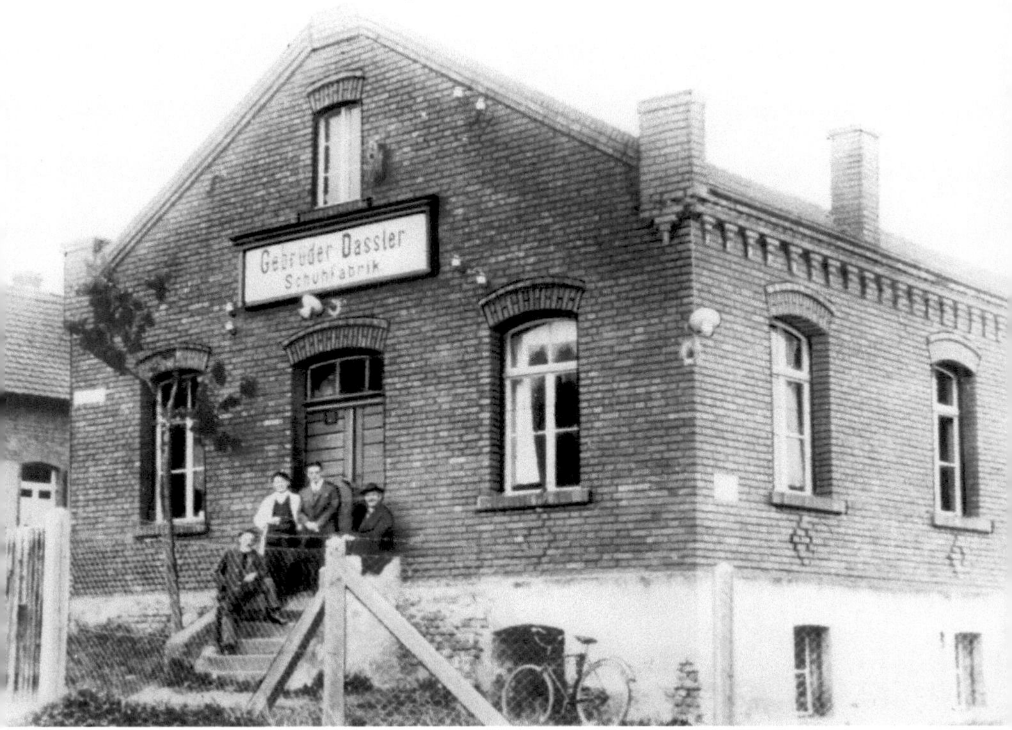

Die Fabrik der Gebrüder Dassler im Jahr der Gründung 1924

Ausrüstung benötigte, musste beim ASV nur in Puma-Klamotten rumlaufen – schon kam einer herbeigelaufen und versorgte ihn umgehend mit der neuesten Adidas-Kollektion. Und beim FC lief es natürlich umgekehrt. Mancher Schiedsrichter, so geht die Mär, soll mit diesem Trick ganze Schränke an Sportbekleidung gefüllt haben.

Als Lothar Matthäus seine Weltkarriere startet, ist der Adidas-Chef Adolf Dassler gerade zu Grabe getragen worden. Sein Bruder Rudolf, Gründer von Puma, liegt bereits seit vier Jahren unter der Erde. Begonnen hat die Geschichte der verfeindeten Brüder, der Söhne des Schuhmachers Christoph Dassler, als sie am 1. Juli 1924 die „Gebrüder Dassler Schuhfabrik" gründeten. Sie erkannten früh die Bedeutung des Sports, vor allem des Fußballs, und begannen sich zu spezialisieren.

Der Erfolg ließ nicht lange auf sich warten. Bereits 1928 trugen bei den Olympischen Spielen in Amsterdam 50 Prozent aller Athleten Dassler-Schuhe, 1936 gewann Jesse Owens in Herzogenauracher Spezialschuhen viermal Gold. Im Frühjahr 1948 machte sich die Dassler-Firma dann selber Probleme.

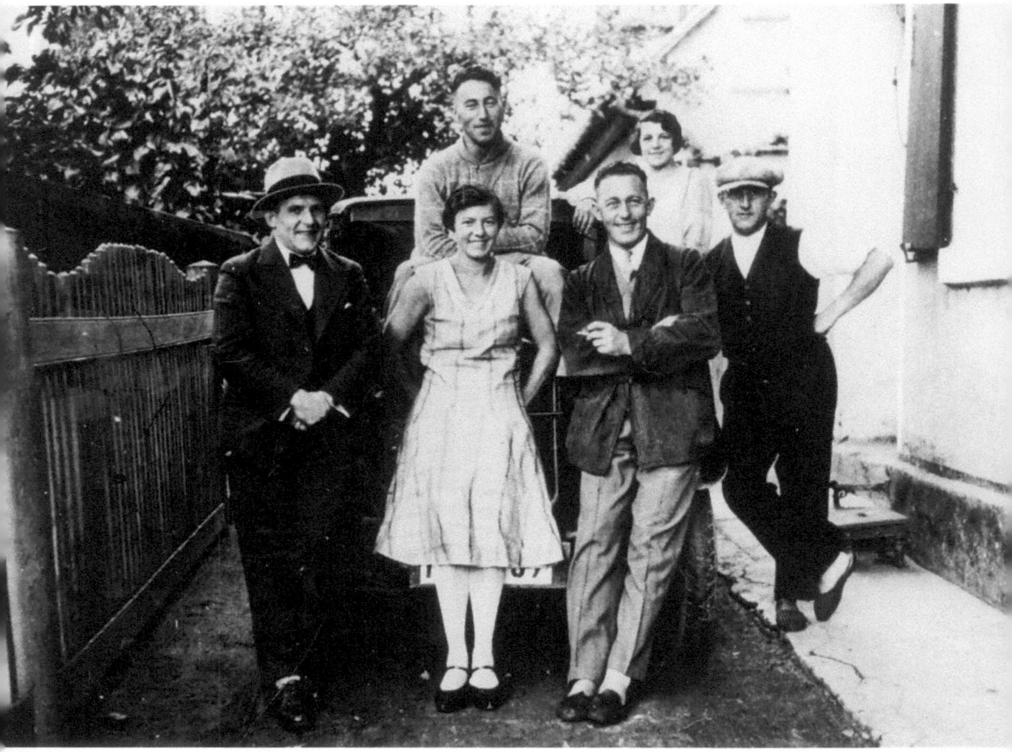

Da waren die Brüder noch eins! Rudolf Dassler (vorne, 2. von rechts) mit Ehefrau Friedel, dahinter Bruder Adolf, im Jahre 1927.

„Haus- und familieninterne Schwierigkeiten“ – so die offizielle Formulierung für die Fehde zwischen den Gattinnen der Brüder - führten zur Aufspaltung des Unternehmens. Rudolf gründete die Firma „Ruda“, die er wenig später in „Puma“ umbenannte. Knapp 40 Mitarbeiter blieben bei Adolf, sieben gingen mit Rudolf.

1948 meldete Adolf, genannt „Adi“, das Gebrauchsmuster für Adidas an, „die Marke mit den drei Riemen“. Es waren noch keine Streifen, sondern eben Riemen: durch sie liefen Schnürsenkel, die den Halt des Schuhs verbessern sollten. Das Unternehmen selbst wurde jedoch erst 1958 in „Adidas“ umbenannt. Adi Das(sler) hatte da den großen Durchbruch bereits erreicht.

Nach der WM 1954 war Dassler zum „Zeugwart der Nation“ aufgestiegen, auf den Siegerfotos hatte er neben Sepp Herberger und Fritz Walter posiert. Bei der WM 1974, als das Unternehmen zum größten Sportwarenartikelhersteller der Welt aufgestiegen war, saß der 74-jährige immer noch auf der Bank und schraubte an den Stollen der Nationalspieler.

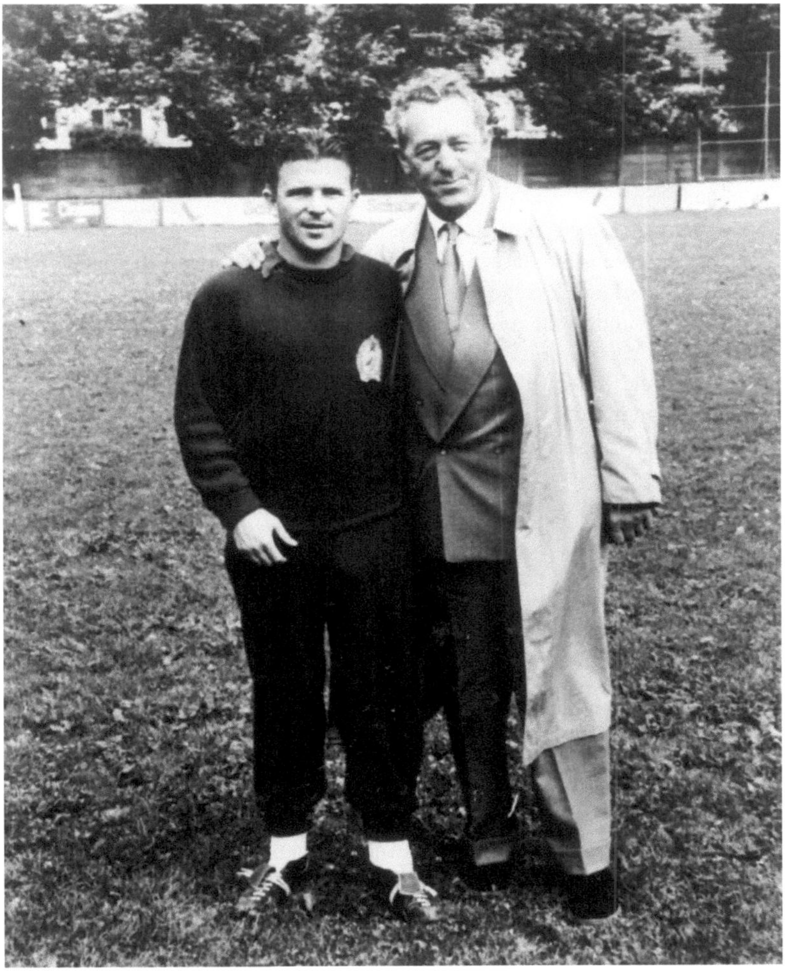

1954: Weltstar Ferencz Puskas bekommt die neuentwickelten Schraubstollenschuhe von Rudolf Dassler in Herzogenaurach.

Obwohl Rudolf Dassler den ersten Schuh entwickelt hatte, bei dem eine Lastic-Nocken-Sohle auf einen Lederschaft aufgeschweißt worden war, blieb Puma immer die kleinere Firma. Man konzentrierte sich auf einige wenige Vereine – zum Aushängeschild wurde neben Mönchengladbach vor allem Werder Bremen – und verteidigte sein Terrain tapfer gegen den größeren Konkurrenten. Eine wichtige PR-Maßnahme war dabei unter anderem der „Puma-Schleudersitz“ in Großgründlach bei Nürnberg, beim dem sich regelmäßig die Topp-Leute der Puma-Vereine mit Journalisten zum Fachsimpeln trafen.

Thema waren dabei dann auch Geschichten wie die von Bobby Breuer, der beim Puma-Verein Bayern Hof weiterhin in den gewohnten Adidas-Schuhen kicken wollte. Betreuer Andres Högen musste die Streifen abmachen und das Puma-Logo aufnähen. Irgendwann probierte er die Raubtier-Schlappen aus Känguruh-Leder dann doch einmal aus, und da waren sie ihm so angenehm, dass er sie 1972 bei seinem Wechsel nach Innsbruck unbedingt mitnehmen wollte.

Als der inzwischen zum Topp-Star aufgestiegene Lothar Matthäus 1984 zum Adidas-Verein FC Bayern München wechseln will, wird die Feindschaft zwischen den beiden Herzogenauracher Firmen, die auch den Tod ihrer Gründer überlebt hat, bundesweit zu einem großen Medienthema. Matthäus, der einen persönlichen Vertrag mit Puma besitzt – wie übrigens auch Diego Maradona oder zuvor Pelé, Johan Cruyff und Günter Netzer -, kann durchsetzen, dass er seine gewohnten Treter behalten darf.

Der „Schuhkrieg" zwischen den beiden Firmen indes ist damit nicht beigelegt. Ein Beispiel ist der Markenwechsel des bisherigen Adidas-Vereins 1. FC Köln, der einem verlockenden Puma-Angebot nicht widerstehen mag. Die Schwierigkeit dabei: Torwart Toni Schumacher will ein Adidas-Mann bleiben. Erst nach langem Hin- und Her kommt es zwischen Klubchef Weiand, Puma-Chef Armin Dassler (Sohn von Rudolf) und Schumacher zur Versöhnung. Toni darf bei Adidas bleiben.

Nur in der Nationalmannschaft gibt es keine Ausnahmen. Ein Exklusiv-Vertrag mit dem DFB bestimmt, dass alle Auswahlspieler, auch Matthäus, Adidas-Treter tragen müssen. Der Nationalmannschafts-Deal ist das Werk von Adolf Dasslers Sohn Horst. Zwei Jahre nach dem Tod seines Vaters hatte er sich gegen seine vier Schwestern und den Testamentsvollstrecker Albert Henkel, der für die Witwe Käthe Dassler die Geschäfte führte, durchsetzen und zum unumschränkten Herrscher über das Unternehmen machen können.

Horst Dasslers Marketingstrategie setzt auf die großen Verbände. Wer die Funktionäre auf seiner Seite hat, der, so meint er, hat auch den Absatz unter Kontrolle. Vor allem das Internationale Olympische Komitee wird von Adidas regelrecht unterwandert. Bei den Olympischen Spielen 1984 in Los Angeles starten 124 von 140 Nationen mit „Adidas". Zwei Jahre später, bei der Fußball-WM 1986 in Mexiko, sind nicht mehr die Schuhe allein das Thema. Torwart Uli Stein, der als Ersatzmann auf der Bank schmoren muss, behauptet in seinem Buch „Halbzeit", dass nur die Spieler zum Einsatz gekommen seien, die, wie sein Konkurrent Toni Schumacher, einen privaten Werbevertrag mit Adidas abgeschlossen hätten.

Während Adidas-Horst die Verbände unter seine Fittiche nimmt, gelingt Puma-Armin in einer bis dahin vernachlässigten Sportart, dem Tennis, ein großer Coup. Er nimmt den ehemaligen Adidas-Mann Boris Becker unter Vertrag. Nach Beckers Wimbledon-Siegen werden die Puma-Schläger Weltmarktführer.

Zum Weltmarktführer im Sportartikelbereich überhaupt hat sich jedoch Ende der 80er Jahre ein ganz anderer aufgeschwungen. Es ist die Firma Nike des US-Amerikaners Phil Knight. Nike hatte bereits bei der Olympiade 1984 die weitaus größte Medienpräsenz. Als Adidas bei den Funktionären blieb, setzte Nike auf neue Trends wie Jogging und Aerobic. Neben dem emotionalen Marketing für „coole“ Sportarten verdankte sich der blitzartige Erfolg des Newcomers vor allem einer billigen Produktion in Fernost und einem ausgeklügelten Vertriebssystem – mit einem Wort: modernem Management.

All das hatte Adidas verschlafen. Nach dem Tod Horst Dasslers im Jahre 1987 hatten auch seine Nachfolger das schlingernde Schiff nicht auf Kurs bringen können. Im Juli 1990 sichert sich schließlich der französische „Fußball-Pate“ Bernard Tapie für rund 470 Millionen DM die Kapitalmehrheit. Das Unternehmen macht noch mehr Verluste, 1993 muss sich Tapie wieder zurückziehen.

Nun übernimmt ein von Robert Louis Dreyfus angeführtes internationales Konsortium den Konzern, Dreyfus selbst wird Vorstandschef. Er investiert massiv in das Marketing und die Produktentwicklung. Die Produktion wird ins Ausland verlagert, Adidas erhält ein komplett neues Styling, geht an die Börse. Die Umsätze steigen kontinuierlich. Auch der Kauf des französischen Wintersportausrüsters Salomon - die Marke für den Wintersport -, der zunächst Probleme bereitet hatte, wird verdaut. 2001 beteiligt sich die Adidas-Salomon AG an der FC Bayern München AG und steigert ihren Umsatz weiter.

Seit dem Tod von Puma-Chef Armin Dassler - dem Letzten aus der Herzogenauracher Schuhmacher-Dynastie – im Jahr 1990 herrschen auch bei der Marke mit dem springenden Raubtier neue Zeiten. Puma setzt mehr auf Design, engagiert sich in Show und Film und kann, mit Madonna statt Maradona als Aushängeschild, seinen Marktanteil behaupten.

Adidas und Puma erwirtschaften in den folgenden Jahren Wachstumszahlen in astronomischen Größenordnungen. Das Jahr 2016 schließt Adidas im DAX als Kursrakete ab: Ein Plus von 67,00 Prozent schafft keiner der im DAX verzeichneten Unternehmen. Auch Puma lässt seine Aktienbesitzer jubilieren: plus 25,67 Prozent gegenüber dem Vorjahr.

Adidas und Puma haben es längst geschafft, Kult-Marke zu sein und beide treibt das nicht sehr bescheidene Ziel an, die „begehrteste Sport-Lifestyle-Marke der Welt“ zu werden, wie es schon 2002 Puma-Vorstandsvorsitzender Jochen Zeitz formulierte. Doch immer noch ist Nike, der Firmenname ist angelehnt an die gleichnamige griechische Siegesgöttin, weltweit die Nummer 1 im Sportartikelgeschäft

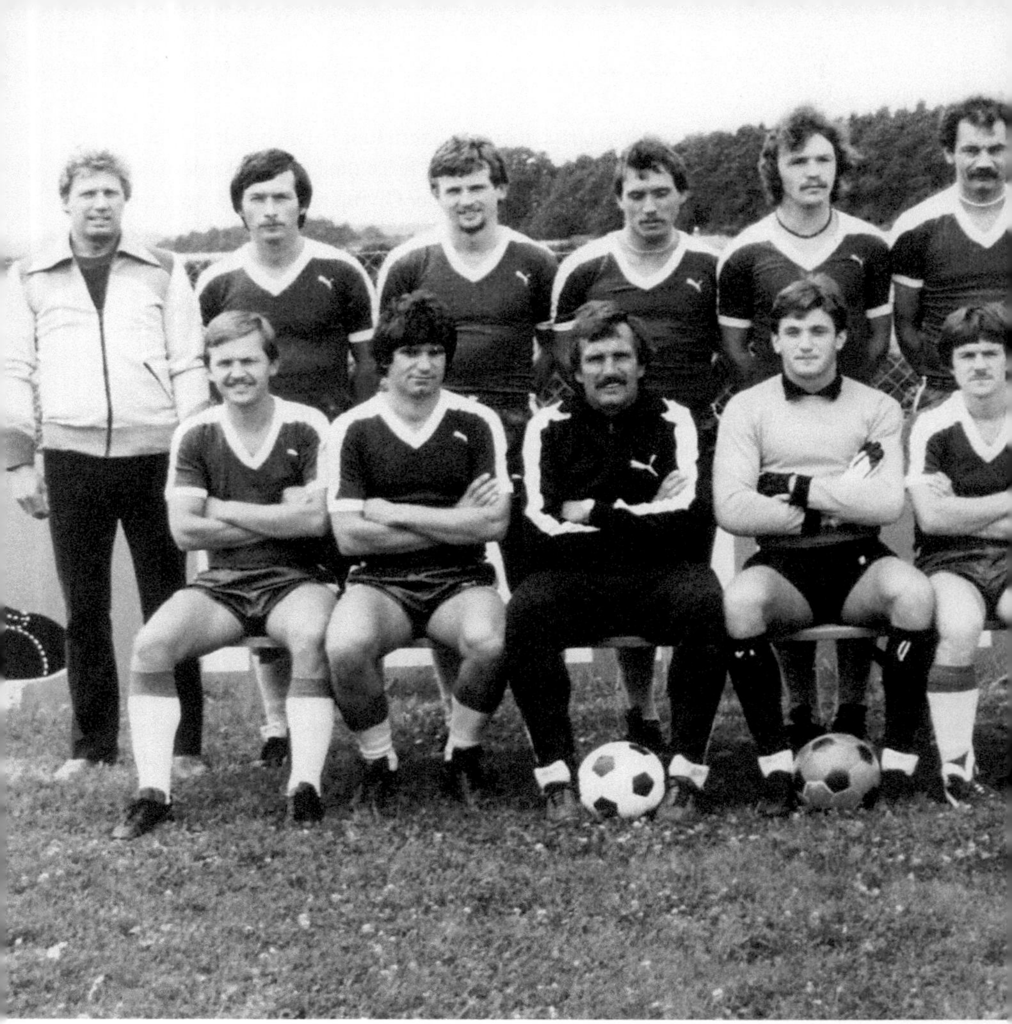

Der junge Lothar Matthäus im Dress des FC Herzogenaurach (untere Reihe, 2. von rechts). Ganz links: Trainer Franz Brungs.

1979, Herzogenaurach
Lothar Matthäus, der Strafraumausstatter

Der gebürtige Herzogenauracher Lothar Matthäus, später berühmt dafür, in jedes nur mögliche Fettnäpfchen hineinzutreten, hat schon als Jugendlicher eine große Klappe. Bereits bei seinem Debüt in der Ersten des FC Herzogenaurach erhält er eine Zeitstrafe wegen Meckerns. Weil er seinen Mund nicht halten kann, wird er auch in der Jugendauswahl des Bayerischen Landesverbandes eine Zeit lang nicht berücksichtigt. Am 30. Mai 1979 gibt der eben 18 Jahre alt gewordene Jungstar dem BR-Reporter Günter Koch sein erstes Rundfunkinterview.

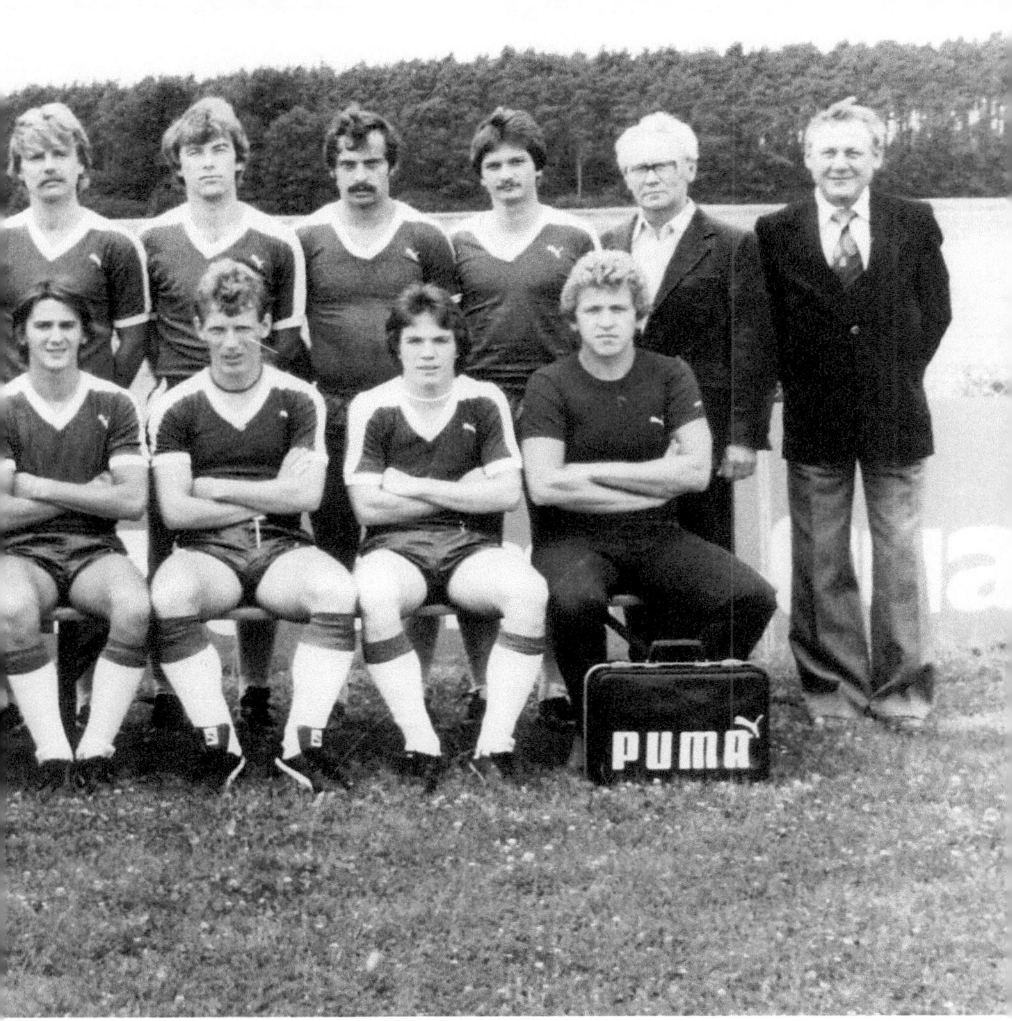

Lothar Matthäus, als Jugend-Nationalspieler, da ist man wahrscheinlich ziemlich verwöhnt.

Ne, wieso soll mer verwöhnt sei? Da ist man halt so, wie man immer ist. Man geht auf die Arbeit den ganzen Tag ...

Sie gehen auf die Arbeit?

Ja. Ich hab noch 'ne Lehre als Raumaustatter und die möchte ich noch beenden, bevor dass ich nach Mönchengladbach raufgeh.

Heißt das, dass sie jetzt in den letzten Tagen hier nicht auf der Terrasse gelegen sind und sich gesonnt haben bei dem schönen Wetter?

Ne, auf keinen Fall. Ich bin heimgefahren von Salzburg und hab' dann gleich am nächsten Tag wieder das Arbeiten angefangen.

Mussten sie nach Hause fahren? War es tatsächlich nur die Verletzung?

Ja, es war nur die Verletzung. Was soll es anderes gewesen sein?

Eine Sache an der Leiste?

Ja, net nur an der Leiste. Des war mal was Älteres, was ich mir im Verein zugezogen habe, und das ist wieder zurückgegangen, und beim Training mit der Nationalmannschaft hab' ich 'nen Riss bekommen, und dann bin ich jeden Tag behandelt worden, aber es ist nicht mehr besser geworden.

Wer putzt eigentlich ihre Fußballschuhe, Lothar Matthäus?

Na, die putz' ich selber oder meine Mutter, wenn ich keine Zeit habe dazu.

Ich habe nämlich gelesen, die Nationalspieler in der Jugendmannschaft wären sich zu fein, ihre eigenen Schuhe zu putzen.

Ne, das sind sie auf keinen Fall. Bei die Bundesligaspieler iss des a so, dass da die Schuhe geputzt werden. Das habe ich bei meinen Probetraining in Mönchengladbach mitbekommen. Aber bei uns im Amateurverein ist das ganz sicher nicht so.

Bleiben wir mal gleich beim Profiverein. Sie kommen ja nach Mönchengladbach. Freuen sie sich auf diese Aufgabe?

Na ja, irgendwie, Heimweh könnte noch kommen. Aber ich bin froh, dass ich 'nen Vertrag habe und ... das Geld zählt halt zum Schluss.

Das Geld zählt also doch auch, aber wahrscheinlich spielen sie nicht nur wegen des Geldes.

Ne, auf keinen Fall. Ich spiel Fußball, weil es mir Spaß macht, und ich hab schon immer von klein auf geträumt, dass ich mal Fußballprofi werde.

Und trotzdem, nebenbei, so als Sicherheit, eine gesicherte und sichere berufliche Existenz haben.

Ja. Man weiß ja nie, was im Berufsfußball hervorgeht. Man kann gleich im ersten Jahr irgendwie einen vors Bein bekommen oder so weiter oder kann wieder außer Form geraten oder so weiter, aber der Beruf ist dann da.

Sie sind Raumausstatter und sie werden dann praktisch Strafraumausstatter mit entsprechenden Vorlagen aus dem Mittelfeld. Das hoffen sie jedenfalls.

Ich hoff', dass es gleich klappt, aber ich schätz', dass ich ein halbes Jahr Anlaufzeit brauch', bis ich da irgendwie Fuß gefasst hab da droben.

Im Juni 1979 bestreitet Matthäus sein letztes Spiel für den FC Herzogenaurach und beginnt bei Borussia Mönchengladbach seine phänomenale Karriere, die ihn zum Weltmeister (1990), Weltfußballer (1990, 1991) und Rekordnationalspieler werden lässt (150 Länderspiele von 1980 bis 2000).

1983 – 2003
NICHT NUR ERSTE KLASSE

Ab 1986, Nürnberg
Die letzten Cluberer im Nationaltrikot

„Mindestens drei von euch werden Nationalspieler", prophezeit Club-Trainer Heinz Höher seinen jugendlichen Spielern nach der Niederschlagung des Spieleraufstands im Oktober 1984. Er verfehlt seine Prophezeiung nur knapp. Aus der Mannschaft, die 1985 aufsteigt und anschließend in der Bundesliga bis in den UEFA-Cup stürmt, schaffen immerhin zwei den Sprung in die Auswahl des DFB.

Der erste ist ein Spieler, der für Jürgen Klinsmann „eines der größten Talente" ist, „das ich je gesehen habe": Dieter Eckstein. Am 15. Oktober 1986 wird der Flügel-Sprinter in der 71. Minute im Spiel gegen Spanien für Herbert Waas eingewechselt. Es ist der erste Auftritt eines Clubspielers im Nationaltrikot seit dem 10. Mai 1969, als Schorsch Volkert in der 66. Minute des WM-Qualifikationsspiels gegen Österreich in Nürnberg eingewechselt worden war.

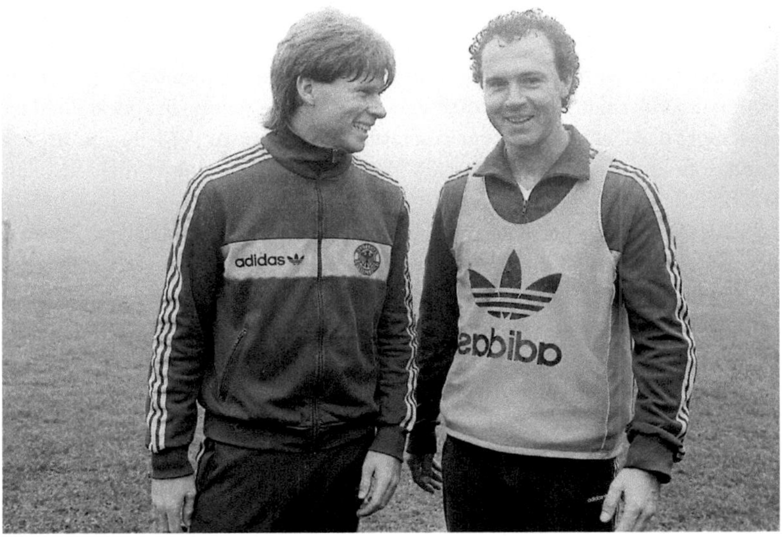

Nationalspieler Stefan Reuter an der Seite von Teamchef Franz Beckenbauer. Reuter erzielte den bis heute letzten Treffer eines Nationalspielers des 1. FCN. Es ist der 1:1-Ausgleich in der 90. Minute im Länderspiel gegen Brasilien am 12. Dezember 1987 in Brasilia.

Der zweite Clubspieler aus Höhers Fohlenelf kommt ebenfalls als Einwechselspieler zu seinem ersten Länderspiel-Einsatz. Es ist Stefan Reuter, der am 18. April 1987 gegen Italien in der 66. Minute sein Debüt gibt.

Während Dieter Ecksteins Karriere in der Nationalmannschaft glücklos verläuft – in insgesamt sieben Spielen gelingt ihm kein Treffer - , und sich auch der 1986 zum Club gestoßene Manfred Schwabl nach nur vier Berufungen wieder aus dem DFB-Team verabschiedet, startet Stefan Reuter zu einer außergewöhnlichen internationalen Karriere.

Den neun Länderspielen, die er bis zum April 1988 als Clubspieler bestreitet, folgen weitere 60 für Bayern München, Juventus Turin und Borussia Dortmund. Der Mann mit dem Turboantritt, der seine Karriere als Fünfjähriger beim TSV 1860 Dinkelsbühl begonnen hatte, erlebt den Höhepunkt seiner Karriere am 8. Juli 1990 beim WM-Endspiel in Rom, als er im Finale gegen Argentinien in der 74. Minute eingewechselt wird.

Nach Eckstein, Reuter und Schwabl bringt es nur noch ein einziger weiterer Spieler des Club zu Ehren im Nationaltrikot. Es ist Andy Köpke, der kurz vor der WM 1990 sein erstes Länderspiel bestreiten darf. Lange Jahre kommt der Klassetorwart, der mit Fangsicherheit und tollen Reflexen zu begeistern weiß, an seinem Kölner Konkurrenten Bodo Illgner nicht vorbei und kommt daher als Clubspieler lediglich zu 14 Berufungen.

1994 kann er trotz gewohnter Zuverlässigkeit den Abstieg des Club nicht verhindern und erhält deswegen bei der WM in den USA von Bundestrainer Vogts keine Bewährungschance. Erst nach dem Viertelfinal-K.O. gegen Bulgarien wird der mittlerweile für Eintracht Frankfurt spielende Keeper in der Nationalmannschaft die unumstrittene Nr. 1. Köpke meint rückblickend, dass er weniger darüber enttäuscht gewesen sei, dass Illgner zu WM-Beginn im Tor stand, sondern darüber, „dass Vogts während des Turniers, als es nicht lief, den Wechsel nicht vollzogen hat."

Bei der Europameisterschaft 1996, als sich Deutschland den Titel holt, erweist sich Köpke als großer Rückhalt und bester Keeper des Turniers. Auch zwei Jahre später, bei der WM in Frankreich, steht der gebürtige Kieler im Tor der Nationalelf. Dort unterläuft ihm, im zweiten Gruppenspiel gegen Jugoslawien, vor dem 0:2 der erste grobe Fehler in seiner langen Nationalmannschaftskarriere.

Nach dem Ausscheiden im Viertelfinale gegen Kroatien erklärt er, nach 59 Länderspielen, seinen Rücktritt aus dem DFB-Team. Am 15. Juli 2001 beendet das zwischenzeitlich wieder nach Nürnberg zurückgekehrte Torwart-Idol des Club im Frankenstadion seine Karriere.

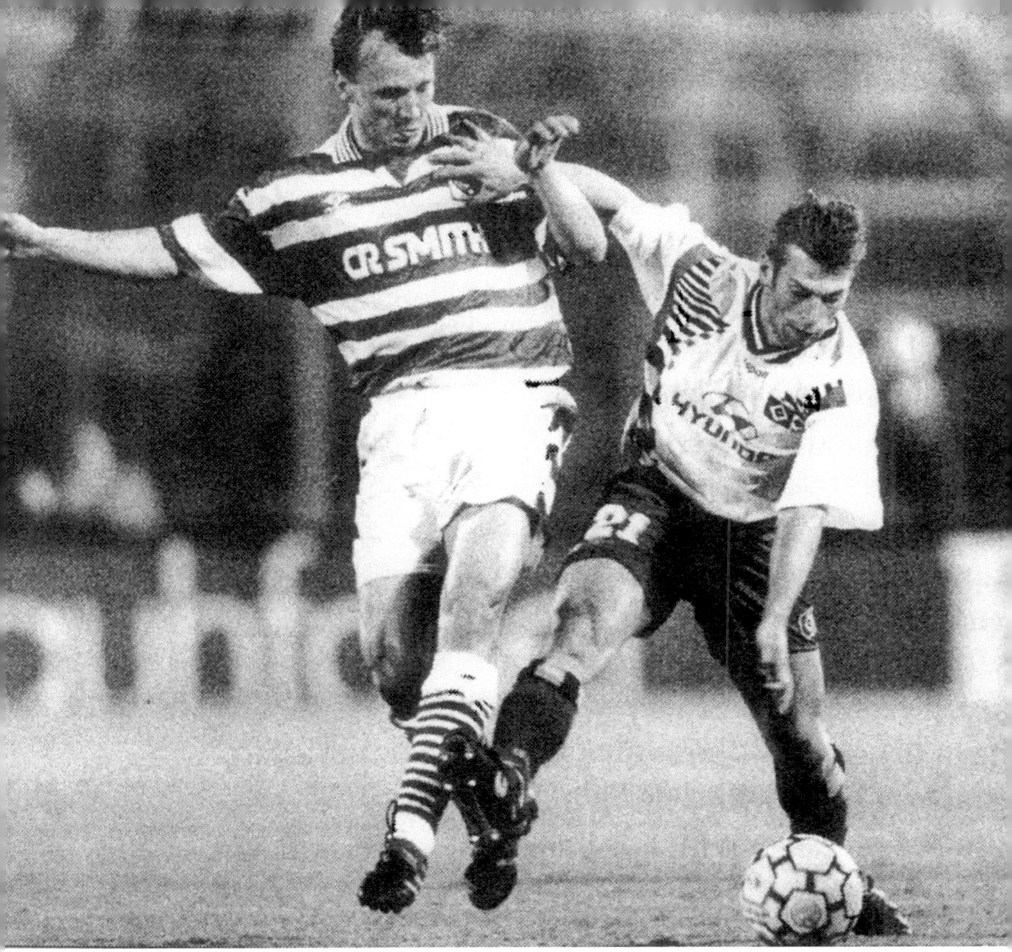

Der aus Bamberg stammende Ex-HSV-Profi Harald Spörl, seit 2002 Trainer in Hof.

Ab 1983, Fürth/Bamberg
Die letzten Bamberger Schlagerspiele

Am fünften Spieltag der Bayernliga-Saison 1983/84 kommt es im Fürther Ronhof zum Schlagerspiel gegen den Tabellenzweiten, dem 1. FC Bamberg. Beide Traditionsvereine haben 10:0 Punkte auf dem Konto. 15.000 Zuschauer, darunter 4.000 aus Bamberg, sorgen im Toppspiel der Dritten Liga für Bundesliga-Atmosphäre. In einer rassigen Auseinandersetzung, die von beiden Seiten mit erbittertem Einsatz geführt wird, gehen die Bamberger mit 1:0 in Führung. Doch die Fürther bleiben dran, erzielen den Ausgleich. Horst Schlerf sorgt schließlich in der 89. Minute mit seinem Treffer zum 2:1 für einen Sieg der Kleeblättler.

Die Fürther übernehmen die Tabellenführung, werden von den jubelnden Fans auf einer Ehrenrunde gefeiert. Endlich, endlich wieder richtige Stimmung im Ronhof! Doch zu früh gefreut. Die junge Mannschaft – Durchschnittsalter knapp über 21 Jahre – kann das Niveau nicht halten, beendet die Saison auf einem fünften Platz. Auch die „Violetten" brechen nach ihrem tollen Start ein und beenden die Saison auf einem unbefriedigenden 12. Tabellenplatz.

Während die Fürther in der nächsten Saison mit Rang vier immerhin ihre bis dahin beste Platzierung in der Bayernliga erreichen, erwischt es die Bamberger bitter. Der Traditionsverein hat sich über eine Nürnberger Agentur viele Spieler ausgeliehen, und als die Agentur in Geldnöte kommt, steht der Klub plötzlich ohne Mannschaft da. Einspringen muss die halbe Jugendmannschaft, unter ihnen der spätere HSV-Profi Harald Spörl.

Sie können den Abstieg nicht verhindern. Der hochverschuldete Verein, der sich vor allem mit dem Anfang der 80er Jahre erbauten Klubhaus übernommen hat, ist damit aber noch nicht am Tiefpunkt angelangt. Fast alle Spieler verlassen den Verein, so dass ein völlig unerfahrenes und überfordertes Team im Jahr darauf noch einmal eine Klasse tiefer rutscht.

Zum erneuten Duell mit der SpVgg Fürth, die 1987 ebenfalls in die Landesliga abgestiegen ist, kommt es daher nicht. Dem Konkurs und der Vereinsauflösung - dem Schicksal also, das vier Jahre zuvor den FV 04 Würzburg ereilt hat – entgeht der 1. FC Bamberg nur deshalb, weil die Stadtoberen hilfreich eingreifen.

Während der 1. FC immer tiefer abstürzt, befindet sich der Lokalrivale SC Bamberg 08 im Aufwind. 1991 schafft der Konkurrent der Violetten den Aufstieg, kurz darauf, am 4. September, schickt er sich vor 11.000 Zuschauern im Stadion Hauptkampfbahn im Volkspark an, den Bundesligisten 1. FC Kaiserslautern aus dem Pokalwettbewerb zu werfen. Der SC, der zuvor bereits den 1. FC Saarbrücken (4:1) und den TSV Havelse (4:0) ausgeschaltet hatte, gilt keineswegs als chancenlos. Er enttäuscht auch nicht, doch der Bundesligist kann die Führung, die Wolfgang Funkel in der 28. Minute erzielt, mit Glück und Geschick über die Zeit retten.

Ab 1994, Vestenbergsgreuth
Teekicker als Pokalhelden

Im DFB-Pokalwettbewerb 1994/95 erwischen die Kicker aus dem „Teedorf" Vestenbergsgreuth ein Traumlos: Bayern München. Da die eigene Spielstätte „Am Schwalbenberg" (6.000 Plätze) viel zu klein ist, mietet man für das große Spiel das Nürnberger Frankenstadion an. Am 14. August kommen 24.200 Zuschauer und sehen, wie zwei Minuten vor dem Halbzeitpfiff Wolfgang Hüttner auf Roland Stein flankt, dieser sich in die Höhe reckt und zum 1:0 gegen einen machtlosen Oliver Kahn ins Bayern-Tor köpft.

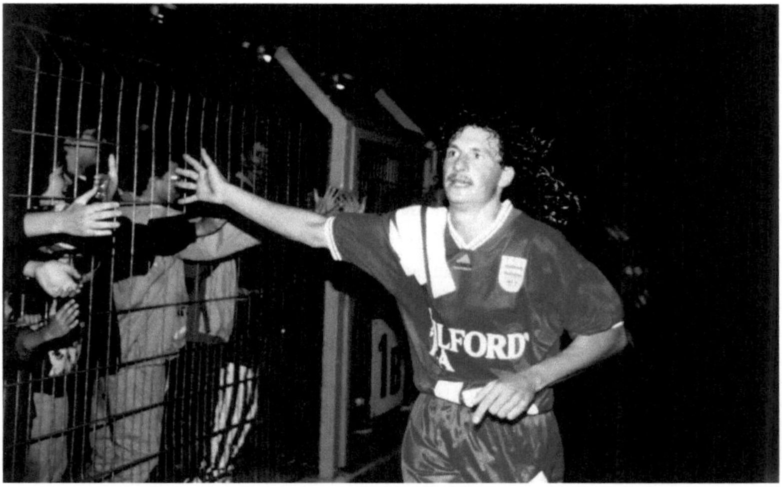

Für Harry Koch, Abwehrspieler des TSV Vestenbergsgreuth, wird der sensationelle Pokalsieg gegen Bayern München zum Ausgangspunkt für eine beachtliche Bundesliga-Karriere beim 1. FC Kaiserslautern.

Trotz aller Bemühungen der Bayern, bei denen erstmals Giovanni Trapattoni an der Seitenlinie steht, bleibt es bei diesem Ergebnis. Mit einer starken kämpferischen Leistung retten die Greuther den knappen Vorsprung über die Zeit. Die von Paul Hesselbach trainierten Pokalhelden, deren Sieg von der Firma Martin Bauer mit der Kreation eines „1:0-Tees" gefeiert wird, spielen auch danach noch weiter, als stünden sie unter der Wirkung von Zauberkräutern. Über den FC Homburg (5:1) kommen sie bis ins Achtelfinale, wo sie erst im Elfmeterschießen am VfL Wolfsburg scheitern (1:1 n.V., 3:4 n.E.).

Vier Jahre später, als der 1. FC Kaiserlautern zum Pokalspiel im Ronhof auftaucht, hat sich viel verändert. Vom ruhmreichen Dorfverein ist nach dem Anschluss an die SpVgg Fürth nur nach das „Greuther" im Namen des neuen Vereins übriggeblieben. Harry Koch, einer der Vestenbergsgreuther Pokalhelden von 1994, trägt diesmal das Trikot der „Roten Teufel".

Beim Gegner, der SpVgg Greuther Fürth, stehen drei seiner damaligen Mannschaftskameraden im Aufgebot: Frank Schmidt, Harald Ebner und Jochen Weigl. Immerhin: Die Greuther Fürther – oder, in diesem Fall besser: die Fürther Greuther – erweisen sich erneut als Pokalschreck. In der 49. Minute erzielt Markus Lotter das einzige und entscheidende Tor des Spiels. Einem 2:0-Triumph über den Club im Frankenstadion folgt schließlich im Achtelfinale das „Aus" der Fürther gegen den Karlsruher SC (1:3). Weiter erhältlich bleibt aber die Spezial-Teemischung „Rote Teufel Schreck", die Greuths Sponsor anlässlich des Pokalsiegs über den 1. FCK zusammengestellt hat.

1991, Nürnberg
Absichtliche Eigentore

Eigenartiges geschieht im Frühjahr 1991 beim 1. FC Nürnberg. Im Spiel gegen den VfB Stuttgart überwindet Vlado Kasalo seinen Keeper Andy Köpke mit einem sehenswerten Kopfball. Als der Jugoslawe im nächsten Auswärtsspiel in Karlsruhe erneut einen Ball in der Manier eines gegnerischen Stürmers im eigenen Netz versenkt, brodelt die Gerüchteküche. Der hoch verschuldete Kicker, ein polizeibekannter Zocker, soll die Tore mit Absicht erzielt haben, um auf dem illegalen Wettmarkt satte Gewinne einzustreichen.

Es wird wegen Wettbetrugs ermittelt, beweisen kann man Kasalo, der vom Club den blauen Brief erhält, jedoch nichts. Seine Verurteilung im Oktober 1991 jedenfalls hat mit der Sache nichts zu tun. Die sechs Monate mit Bewährung gelten dem Fahren ohne Führerschein sowie der Beteiligung an illegalem Glücksspiel. Die drei weiteren Clubspieler, die in dieser Saison ebenfalls ein Eigentor erzielen und damit den Bundesliga-Rekord von fünf Eigentoren in einer Saison aufstellen, werden übrigens auch nicht bestraft.

Während über den Fall Kasalo bis heute gerätselt wird, konnten die Hintergründe des noch eigenartigeren Eigentores, das der Bamberger Otto Baumgartner in der Bayernliga-Saison 1984/85 gegen Jahn Regensburg erzielte, umgehend aufgeklärt werden. Kaum eingewechselt, nahm er das Zuspiel eines Mannschaftskameraden auf und rannte mit dem Ball schnurstracks auf's Tor zu. Keiner stellte sich ihm entgegen. Auf Höhe der 16-Meter-Linie lugte er kurz nach dem Torwart, dann wuchtete er den Ball flach und platziert in die Ecke.

Er riss die Arme hoch und drehte zum Jubeln ab – da entdeckte er die völlig entsetzten Gesichter seiner Mannschaftskameraden und ihm wurde klar, was er getan hatte. Übernervös ins Spiel gegangen, hatte er die Tore verwechselt und aus Versehen ins eigene geschossen! Neben dem unbeabsichtigten Eigentor – dem Normalfall – und dem beabsichtigten Eigentor – dem Sonderfall Kasalo - gibt es also auch noch den einzigartigen Fall, dass ein Eigentor zugleich beabsichtigt und unbeabsichtigt sein kann. Baumgartner wollte in dieses Tor schießen. Hätte er aber bemerkt, dass es das falsche war, hätte er es nicht getan.

1995, Fürth
Die Geburt der Greuther Fürther

Im Jahr 1995, nach dem 2:1-Sieg der Spielvereinigung Fürth im Derby gegen den TSV Vestenbergsgreuth auf dem Schwalbenberg, treffen sich die Präsidenten der beiden Vereine im Sportheim. Beide tauschen sich über die schwierige wirtschaftliche Situation in der neuen Regionalliga aus, die kaum mehr Zuschauer in die Stadien lockt als die alte Bayernliga.

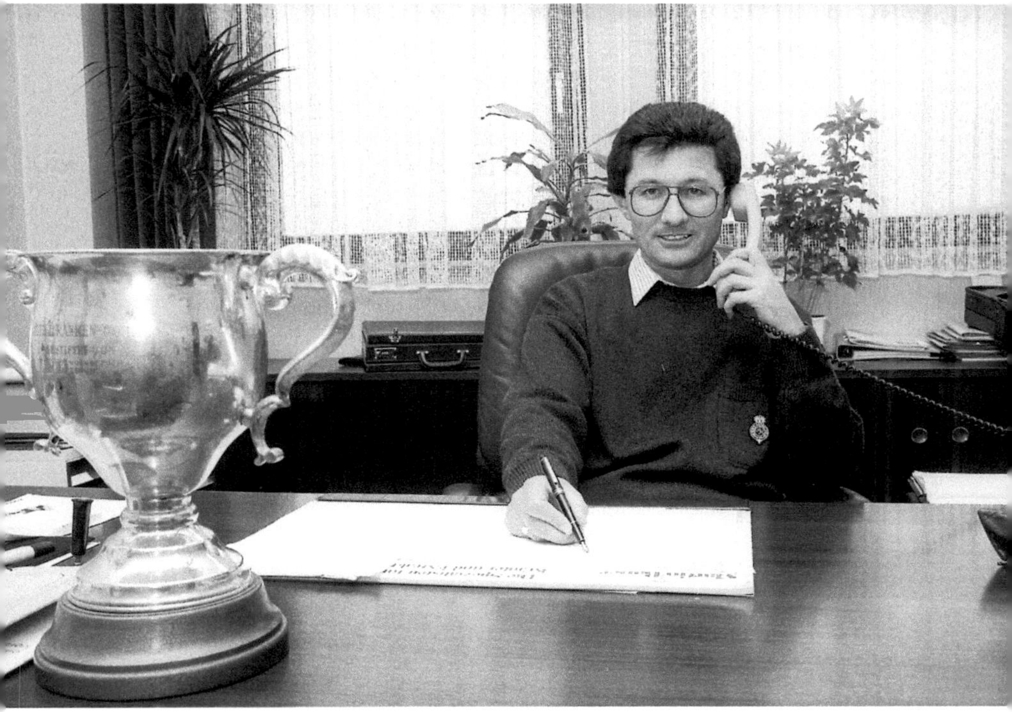

Vestenbergsgreuths Präsident Georg Hack. Seit 1996 ist er Präsident der SpVgg Fürth.

Fürths Helmut Burkart: „Wir haben uns gegenseitig ein bisschen bedauert und dann vereinbart, uns zu einem Gespräch zu treffen.“ Und Greuths Helmut Hack meint, dass es ja eigentlich idiotisch sei, „dass wir uns Konkurrenz machen, anstatt zusammenzuarbeiten.“ Die Spielvereinigung, die auch in der Regionalliga nicht über einen Zuschauerschnitt von 1.850 pro Spiel hinauskam, war, trotz des Ronhof-Verkaufs, finanziell am Ende.

Den Greuthern ging es wirtschaftlich zwar besser, aber um sportlich weiterzukommen, fehlten die Bedingungen. Vor allem ein Stadion. So trafen sich zwei, die sich gesucht haben: Der eine bot glänzende wirtschaftliche Rahmenbedingungen, garantiert durch die in Vestenbergsgreuth ansässige Teefirma von Martin Bauer, der andere einen großen Namen und ein beachtliches Zuschauerpotential. Kurz: Tradition & Kräuter lautete das Rezept bei der Gründung der neuen Franken-Power SpVgg Greuther Fürth.

Bereits am 5. Juli 1995 werden in Gegenwart der beiden Bürgermeister Günther Brand (Fürth) und Rudolf Müller (Vestenbergsgreuth) die Pläne zur Vereinigung beider Vereine der Öffentlichkeit präsentiert. Am 26. Juli gelingt es Helmut Hack in der Generalversammlung des TSV nicht zuletzt aufgrund eines Tricks - wegen einer Lücke in der Vereinssatzung dürfen auch Mitglieder abstimmen, die erst einen Tag zuvor beigetreten waren –, die erforderliche Zustimmung für einen Beitritt des Vereins zur SpVgg Fürth zu erreichen.

Nur zwei Tage danach kommt es auf dem Schwalbenberg zum letzten Derby der beiden Vereine. Es endet schiedlich-friedlich 1:1. Am 24. Oktober gibt schließlich die Hauptversammlung der Spielvereinigung „grünes Licht" für den neuen Verein. Auch Fürths Altinternationaler „Ertl" Erhardt sieht im Zusammenschluss der beiden Klubs den „einzig richtigen Schritt, um das Überleben unseres Vereins in der Zukunft zu gewährleisten."

Burkart und Hack verpflichten Armin Veh als Trainer für die neue Spielvereinigung Greuther Fürth. Während die beiden Ex-Vereine in spe noch unter anderen Trainern in der Regionalliga kicken – Bertram Beierlorzer in Fürth, Paul Hesselbach in Vestenbergsgreuth -, beobachtet Veh die beiden Teams und bastelt an Plänen für die neue Saison. Die Mannschaft, die er auswählt, besteht schließlich aus sieben Greuthern, sieben Fürthern und sieben Neuen. Und tatsächlich ist dieser Kader - nach der Formel „3 x 7 = 2. Liga" – erfolgreich.

Fehlt zum Greuther-Fürther Glück noch ein zweitligataugliches Stadion. Präsident Helmut Hack gelingt es, den Besitzer des Ronhofs, Horst Brandstätter, davon zu überzeugen, dass in Fürth ein schmuckes kleines Stadion her muss. Tatsächlich erklärt sich der Spielwaren-Fabrikant bereit, für den Bau des künftigen „Playmobil-Stadions" 3,5 Millionen DM zur Verfügung zu stellen. Kein geschenktes Geld zwar, aber immerhin ein Kredit mit äußerst günstigen Rückzahlungsbedingungen. Am 12. Mai 1997 beginnen die Bauarbeiten, bereits am 19. Juli erfolgt im neuen Schmuckkästchen der Anpfiff zum Eröffnungsspiel gegen den TSV 1860 München. Greuther Fürth gewinnt durch ein Tor von Rachid Azzouzi mit 1:0.

1997, Weismain
Franken-Fußballfest in Weismain

Vorletzter Spieltag der Bayernliga-Saison 1995/96: Nach einem 2:2 gegen Bayern Hof können viele Fans und Funktionäre des SC Weismain, so steht es jedenfalls in der Vereinschronik, „auch einige Freudentränen nicht verbergen." Soeben ist dem Verein aus dem kleinen Städtchen im fränkischen Jura als Bayernliga-Aufsteiger der Durchmarsch in die Regionalliga gelungen. Eine unglaubliche Geschichte steuert damit ihren Höhepunkt zu.

Der Fußball-Boom in dem kleinen, nordöstlich von Bamberg gelegenen Ort begann 1982 mit dem Aufstieg in die A-Klasse. Im Jahr darauf gelang gleich der Sprung in die Bezirksliga. 1985 folgte durch ein 7:6 im Elfmeterschießen gegen Hirschaid der Aufstieg in die Landesliga.

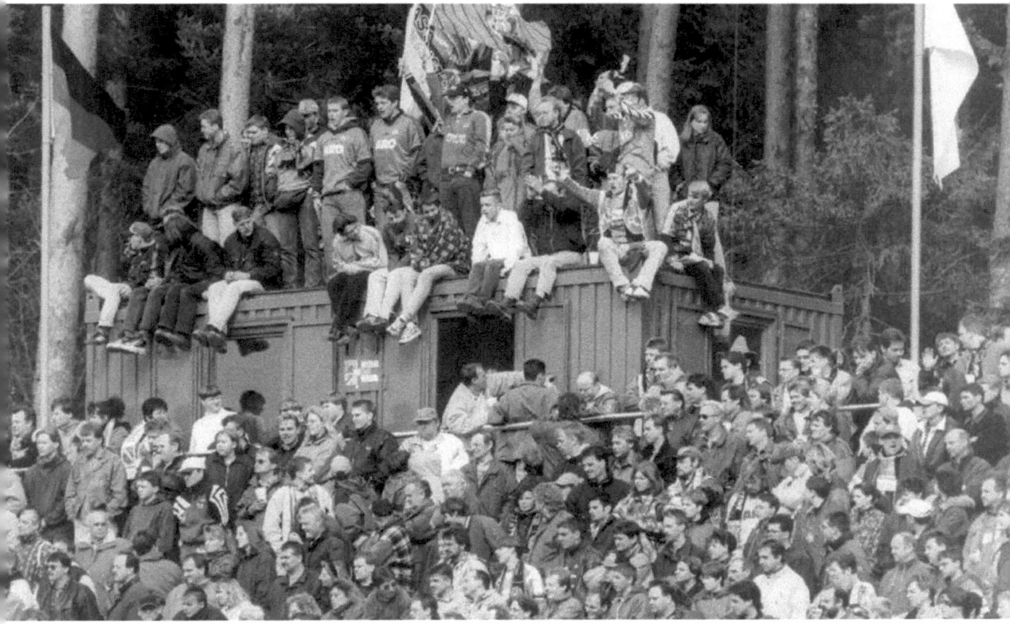

Größtes Ereignis in der Geschichte des Örtchens Weismain: Der Auftritt des 1. FC Nürnberg in der Regionalliga-Saison 1996/97.

Wie in den Jahren zuvor mit etlichen Spielern verstärkt, spielten die Weismainer auch in dieser Liga – Gegner waren nun so namhafte Vereine wie Schweinfurt 05, Bayern Hof und die Würzburger Kickers – eine gute Rolle, benötigen diesmal allerdings einen Anlauf von zehn Jahren, um in die Bayernliga aufzusteigen.

Für die erste Saison in der dritten Liga wird in Weismain noch einmal kräftig aufgerüstet, unter anderem schließt sich der ehemalige Bundesliga-Profi Reiner Wirsching dem SC an. Und auch das Stadion wird nun Regionalliga-tauglich gemacht. Präsident Alois Dechant, ein Bauunternehmer, plant und finanziert den Ausbau auf 10.000 Plätze. Der DFB belohnt die Bemühungen mit der Vergabe des U-16 Länderspiels gegen Tschechien (17.10.1996).

Danach beginnen die Planungen für das „Jahrhundertspiel" gegen den größten aller möglichen Gegner, gegen den Absteiger aus der 2. Liga, den 1. FC Nürnberg. Die Osttribüne wird mit Sandsteinrohlingen auf insgesamt 27 Reihen erweitert, auch die Südtribüne wird ausgebaut und mit einer neuen Überdachung versehen. In der 5.000-Einwohner-Gemeinde entsteht so ein Stadion, das nach dem Ausbau 17.000 Zuschauern Platz und dem Betrachter, so das Urteil des Fußball-Historikers Hardy Grüne, einen „atemberaubenden" Anblick bietet.

Am 12. April 1997, zum Jahrhundertspiel gegen den ruhmreichen Club, ist die Arena im Wald bis auf den letzten Platz prall gefüllt. Das „Frankenfest“ wird zum wohl größten Ereignis in der Geschichte des Ortes, von dem in Jahrzehnten die Großväter noch ihren Enkeln berichten werden. Die Weismainer verlieren zwar mit 0:2, aber nach dem Abpfiff sind alle stolz. Auch die Nürnberger Zeitung lobt die gute Organisation, titelt sogar: „Danke, SC Weismain“.

Während der Club den Betriebsunfall Regionalliga durch den Aufstieg nach einer Saison wieder bereinigt, ist man auch in Weismain zufrieden, dass das „Wunder“ Regionalliga nach einem Jahr noch nicht vorbei ist. Man beendet die Saison auf einem ordentlichen 10. Tabellenplatz.

Erst zwei Spielzeiten später ereilt die Blau-Weißen das Abstiegs-Schicksal, im Jahr darauf werden sie sogar in die Landesliga durchgereicht. Nicht mehr Tausende, sondern nur noch ein paar hundert Fans verirren sich auf den Stufen des Waldstadions, die allerdings immer noch steil und imposant den Hang hinaufwachsen.

1997, Waldberg
Ein Tor gegen Kahn

Am 15. August 1997 ist im Nürnberger Frankenstadion wieder einmal ein Pokalhit angekündigt. 35.500 Zuschauer erhoffen sich, dass dem oberfränkischen Landesligisten DJK Waldberg gegen die Stars des FC Bayern München eine ähnliche Sensation gelingen möge, wie einst dem TSV Vestenbergsgreuth.

Wieder heißt es Dorfverein gegen Millionentruppe – auch wenn Waldberg mit etwa 600 Einwohnern immerhin beinahe doppelt so groß ist wie Greuth. Enttäuschung macht sich breit, als Waldberg nach einem Doppelschlag von Giovane Elber und Mehmet Scholl bereits nach 13 Minuten mit 0:2 hinten liegt.

Drei Minuten später keimt wieder Hoffnung auf: Waldbergs Haase verkürzt per Kopf auf 1:2. Bis in alle Ewigkeit darf sich der Stürmer aus der fünften Liga rühmen, dass er dem weltbesten Torhüter einen reingemacht hat.

Aus dem Fußball-Märchen wird an diesem Tag jedoch nichts mehr, so sehr die Zuschauer auch den Landesligisten nach vorne peitschen wollen. Die durch den Gegentreffer aufgeschreckten Bayern machen jetzt ernst und setzen dem bedauernswerten DJK-Keeper Hofmann noch vierzehn Eier ins Nest.

Fußball-Wunder gibt es eben nicht alle Tage. Auch nicht für die Greuther Fürther, die am 23. September 1998 in der 2. Hauptrunde des Pokals erst im Elfmeterschießen mit 3:4 an den Münchner Bayern scheitern. Petr Skarabela verliert das entscheidende Duell und schafft nicht, was Haas gelang: Ein Tor gegen Oliver Kahn. Für den Teeladen im Greuther Playmobilstadion wird daher diesmal nur eine melancholische Schlafkräutermischung aufgelegt: „Bayernträume“.

2004 – 2017: NEUE HÖHENFLÜGE

Ab 1986, Deutschland
Franken in der Fremde

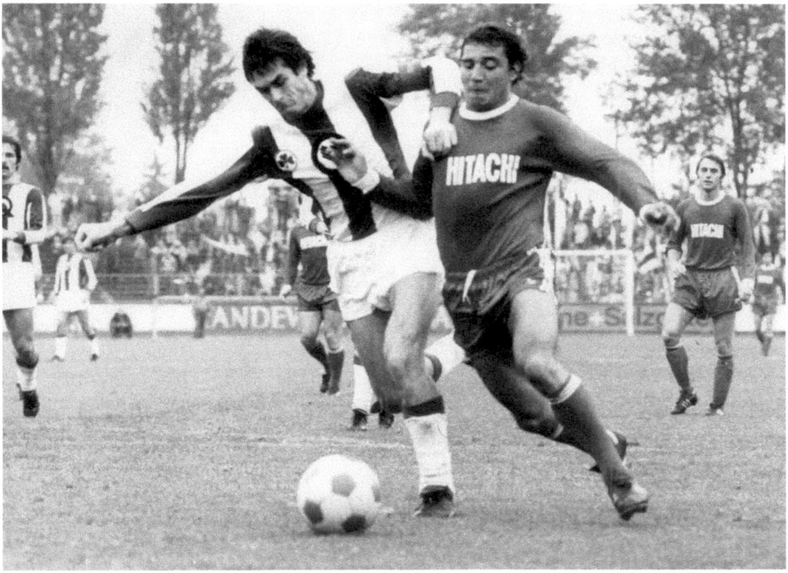

Der gebürtige Aschaffenburger Felix Magath, hier im Trikot des HSV, im Duell gegen Fürths Libero Bergmann.

Im Jahr 1986 beendet Felix Magath seine Karriere beim Hamburger SV. In zehn Jahren hat er in 306 Bundesligaspielen 46 Tore für die Hanseaten erzielt und drei deutsche Meisterschaften sowie den Europapokal der Landesmeister gewonnen. Im Finale 1984 gegen Juventus Turin erzielte er den entscheidenden Treffer zum 1:0. Insgesamt bestritt Magath 47 Europacup-Spiele (9 Tore). Auch die Nationalmannschaftskarriere von Magath ist beachtlich (43 Spiele, 3 Tore). 1980 wurde er Europameister, 1982 und 1986 jeweils Vize-Weltmeister.

Was wenige wissen: Magath ist damit nach dem Herzogenauracher Lothar Matthäus der erfolgreichste fränkische Fußballspieler seit Einführung der Bundesliga. Der Mittelfeldspieler, gebürtiger Aschaffenburger, Sohn einer ostpreußischen Mutter und eines von den Virgin Islands stammenden Vaters, begann seine Karriere 1960 beim VfR Nilkheim. Ab 1964 kickte er beim TV 1860 Aschaffenburg. 1972 wechselte er zur eben aus der Regionalliga Süd abgestiegenen Viktoria. Nach zwei Spielzeiten in der Bayernliga schloss er sich dem Zweitligisten 1. FC Saarbrücken an, um schließlich 1976 beim Hamburger SV anzuheuern, wo mit dem Ansbacher Schorsch Volkert – Club-Meisterspieler von 1968 – bereits ein anderer Franke angestellt war.

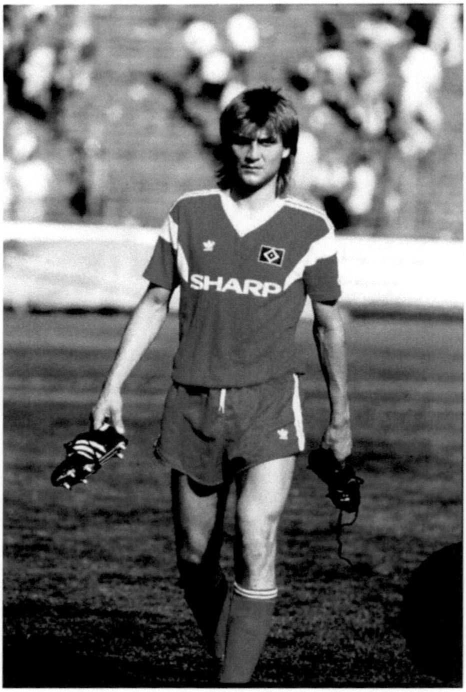

Der Ex-Fürther Dietmar Beiersdorfer macht beim Hamburger SV Karriere.

In den 80er Jahren wird Hamburg, nicht zuletzt unter Magaths Regie, zu einem Dorado für fränkische Fußballspieler. Nach Beendigung seiner aktiven Karriere lockt er als HSV-Manager zwei Asse des Bayernligisten SpVgg Fürth im „Doppelpack" in den Norden: Den aus Cadolzburg stammenden Abwehrspieler Dietmar Beiersdorfer sowie den Jung-Torjäger Manfred Kastl. Beiersdorfer, der in seinem ersten Spiel keinen Geringeren als Rudi Völler ausschaltet, und der von Franz Beckenbauer als „Rohdiamant" bezeichnete Kastl finden sich in der Bundesliga rasch zurecht.

1987 werden die beiden Ex-Fürther gemeinsam DFB-Pokalsieger. Beiersdorfer überzeugt danach weiterhin im Trikot des HSV, wobei er auch beachtliche Qualitäten in der Offensive an den Tag legt (14 Tore in 174 Spielen). Kastl heuert indessen in Leverkusen und ein Jahr später beim VfB Stuttgart an, wo er 1992 nach insgesamt 122 Spielen und 31 Toren seine Bundesliga-Karriere beendet.

Im selben Jahr wechselt Beiersdorfer, der es als Kapitän des HSV mittlerweile auch zu einem Länderspiel-Einsatz gebracht hat, in die Nachbarstadt Bremen. Mit den Werderanern wird er Deutscher Meister, danach spielt er beim 1. FC Köln und in Italien beim AC Reggiana, um schließlich, nach etlichen weiteren Umwegen, im Jahr 2002 als Sportdirektor zum HSV zurückzukehren.

Den beiden Fürthern folgt im Jahr 1987 der Bamberger Harald Spörl. Der Mittelfeldspieler, Spitzname „Lumpi", bestreitet bis 2000 318 Bundesliga-Spiele, und ist, bei insgesamt 60 Treffern, in mehreren Spielzeiten erfolgreichster Torschütze des Hamburger SV.

Auch nach dem Weggang Magaths stehen Franken beim HSV weiterhin hoch im Kurs. 1989 wird der Kulmbacher Armin Eck, der beim FC Bayern München

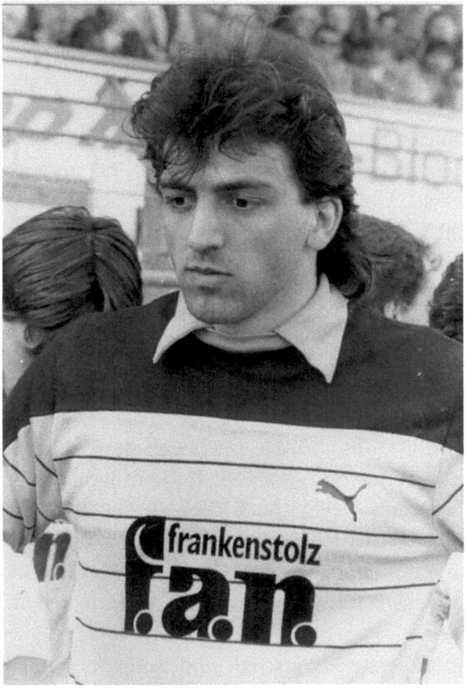

Klaus Reitmaier beginnt seine Karriere im Trikot von Viktoria Aschaffenburg

an Olaf Thon nicht vorbeikommt, auf Wunsch von Trainer Willi Reimann von den Hanseaten verpflichtet.

Beim Lokalrivalen FC St. Pauli beginnt Bernd Hollerbach, der später als Trainer die Würzburger Kickers als Überraschungsmannschaft in die Zweite Bundesliga bringen sollte, seine „nordische Karriere". Der aus dem ASV Rimpar hervorgegangene rustikale Abwehrspieler, ehemals bester Metzgergeselle Bayerns, ist am Millerntor ein Liebling der Fans („Ho-Ho-Hollerbach"). Als er über den Umweg Kaiserslautern 1996 zum HSV kommt, nehmen ihm das die Fans übel. Sie bringen an den Türen verschiedener Lokale Aufkleber mit einem Hollerbach-Konterfei an: „Ich muss leider draußen bleiben."

Aber nicht nur in Hamburg, auch bei anderen Vereinen legen einige Kicker, die ihre ersten fußballerischen Gehversuche in fränkischen Vereinen getätigt haben, beachtliche Karrieren hin. Der Mittelfeld-Renner Martin Schneider (DJK Schweinfurt) bringt es beim 1. FCN, Borussia Mönchengladbach und dem MSV Duisburg auf 379 Einsätze. Beim TSV 1860 München machen Bernhard Winkler (SV Veitshöchheim) als Torjäger und Michael Hofmann (SV Mistelgau) als Torhüter Karriere.

Als Dauerbrenner erweist sich bei Borussia Dortmund der aus dem idyllischen Dinkelsbühl stammende Stefan Reuter (440 Bundesliga-Einsätze bis 2002). Auch das Kaiserslauterer Abwehr Ass Harry Koch (TV Hallstadt) sowie die beiden Wolfsburger Frank Greiner (SV Meilschnitz) und Claus Reitmaier (FV Würzburg 04) gehören zum absoluten Bundesliga-Establishment. Andere Franken, so zum Beispiel der Cottbuser Timo Rost (SC Happurg), der Stuttgarter Jochen Seitz (TSV Heimbuchenthal), oder die Gladbacher Bernd Korzynietz (TSV Güntersleben) und Daniel Felgenhauer (AGSV Döhlau) bewähren sich als Bundesligaspieler. Als großes Talent findet der Mittelfeldspieler Markus Feulner über den SV Pettstadt und den 1. FC Bamberg den Weg in die Jugendmannschaft des FC Bayern München, dann über den 1. FC Köln, Mainz 05 und Borussia Dortmund zum 1. FC Nürnberg und schließlich zum FC Augsburg.

Aber auch im Hohen Norden sind die Franken nicht ausgestorben. Der Filigran-Techniker und Abwehrspieler Frank Baumann (TSV Grombühl) hat nach seinem Wechsel vom 1. FCN zu Werder Bremen im Jahr 1999 auch in der Nationalmannschaft Fuß gefasst. Ähnlich wie vor ihm Schorsch Volkert und Dietmar Beiersdorfer scheint er sich an der Wasserkante sehr wohl zu fühlen. Die Leute in Bremen, meint der Kapitän des SV Werder, seien seiner fränkischen Heimat „in ihrer Mentalität viel ähnlicher, als man denkt". Am 8. März 2002 verführt er seine Bremer Mannschaftskameraden vor dem Spiel im Frankenstadion dazu, Schäuferle mit Kloß zu essen. Die Wirkung bleibt nicht aus. Bremen schießt vier Tore, der Club keines.

Der aus Ipsheim stammende und in Neustadt an der Aisch geborene Niklas Stark, gilt derzeit als das wohl größte fränkische Talent und hat seine Heimat inzwischen Richtung Berlin verlassen. Vom FSV Ipsheim wechselt er 2002 zum TSV Neustadt/Aisch und dann 2004 zum 1. FC Nürnberg. Starks Lieblingsposition ist das zentrale defensive Mittelfeld. Von 2011 bis 2015 durchläuft er alle U-Nationalmannschaften – von der U17 bis zur U21. Bei der U19-Europameisterschaft 2014 in Ungarn führt er die Deutsche Nationalelf als Spielführer zum Europameistertitel.

2013 schafft er es beim Club in die erste Mannschaft und bringt es schnell zum Stammspieler. Die Medien schwärmen von seiner Versiertheit am Ball, seiner Kopfballstärke und seiner Übersicht. Sie schreiben vom „Club-Juwel", vom „Senkrechtstarter" und von der „Karriere im Turbolader". Nach dem vierten Spieltag der Zweitligasaison 2015/2016 wechselt Stark in die erste Liga zu Hertha BSC. Der notorisch klamme Club hat damit sein größtes Talent verloren, kann sich aber zumindest über einen Millionenbetrag freuen.

Und in der Hauptstadt trifft Stark auf alte Bekannte: Alexander Esswein, Jens Hegeler, Marvin Plattenhardt und Julian Schieber, allesamt Ex-Cluberer.

Ab 1970, Franken
Fremde in Franken

In den 90er Jahren, als immer mehr gebürtige Schwarzafrikaner in der Bundesliga auftauchen, kommt es in vielen Stadien zu teilweise offen rassistischen Kundgebungen. Der Ruf „Uh-uh-uh, Neger in den Busch" zählt noch zu den sanftesten Äußerungen. Nur, wenn sie für den eigenen Verein gute Leistungen bringen, sind die Afrikaner anerkannt.

Erster dunkelhäutiger Spieler beim Club ist der Senegalese Souleymane Sané, der von 1988 bis 1990 zusammen mit Dieter Eckstein den schnellsten Sturm

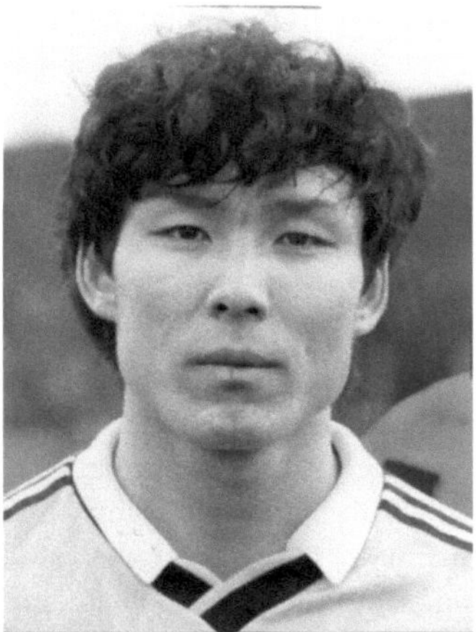

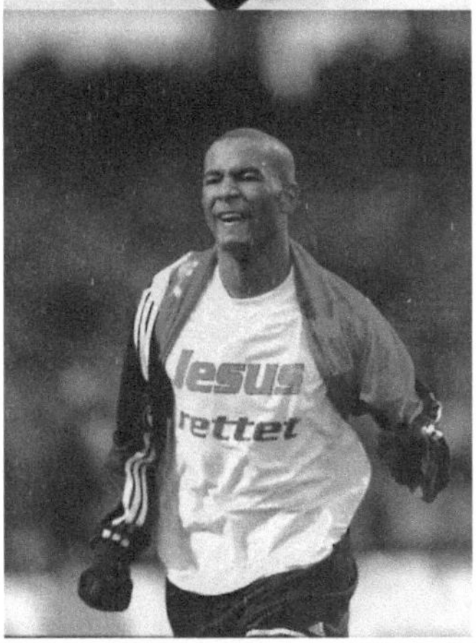

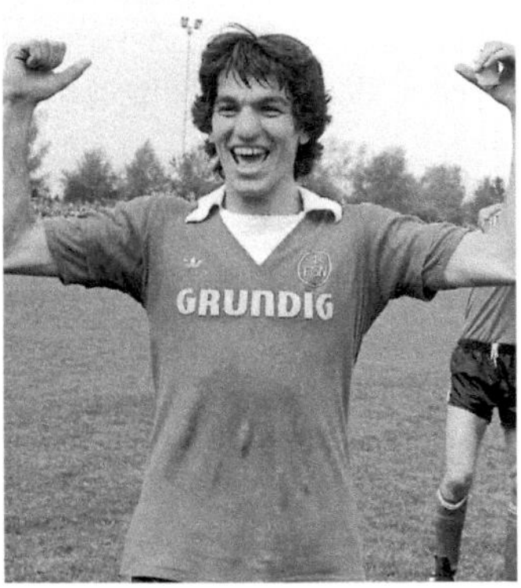

der Bundesliga bildet und bei den Fans sehr beliebt ist. Der erste prominente fränkische Fußballer, der sich gegen den Rassismus in den Stadien lautstark einsetzt, ist der Cadolzburger Dietmar Beiersdorfer. Das Buch „Fußball und Rassismus", das er zusammen mit Sané im Göttinger Werkstatt-Verlag herausgibt, bringt ihm einen ziemlich bösen Brief von Egidius Braun ein. Fußballprofis, so der DFB-Präsident, hätten sich zu diesem Thema nicht zu äußern.

Probleme mit „Fremden" hatte es schon seit 1970 gegeben, als sich mit den Griechen von „Olympias" in Erlangen und den Spaniern von „Centro Espanol" in Nürnberg die ersten reinen Ausländervereine zum Spielbetrieb angemeldet hatten. Anders als jener Italiener, der am 28. März 1952 in Würzburg mit dem „Sand von Capri" Deutschlands älteste Pizzeria eröffnete, waren die „Fremden" bei den deutschen Kickern in den unteren Klassen nicht in jedem Fall willkommen. Besonders auf dem Land, so zum Beispiel bei einem Spiel zwischen Kleinsendelbach und den Olympias-Griechen, kam es immer wieder einmal zu handgreiflichen Auseinandersetzungen.

Die Integration der Ausländer verbesserte sich erst, als immer mehr Topp-Spieler bei Bundesliga-Vereinen Verträge erhielten. Beim Club waren die Jugoslawen Zvezdan Cebinac sowie die Brüder Slobodan und Miodrag Petrovic die ersten Zugänge aus dem Süden Europas, die wegen ihres raffinierten Spiels auf den Rängen viel Anerkennung fanden.

Von oben nach unten: Erster „fränkischer" Asiate bei der SpVgg Bayreuth: der Chinese Li Hui (1989). Jeronimo Baretto „Cacao": ein Brasilianer im Trikot des 1. FCN. Reinhold Hintermaier, der "österreichische Franke".

Neuerdings, da bei jedem Bundesliga-Verein mindestens die Hälfte der Spieler aus aller Herren Länder kommt, kann man von einem Ausländer-Problem nicht mehr sprechen. Wenn es heutzutage noch „Fremde" gibt in den Profivereinen, dann sind es am ehesten die Einheimischen. Standen im Meisterkader des 1. FCN aus dem Jahr 1968 lediglich drei Nicht-Franken – neben Cebinac waren dies der Österreicher Starek und der Rheinländer Brungs -, so gibt es im Trikot des Club, seit Marc Oechler im Jahr 1999 zum griechischen Erstligisten AO Kavala gewechselt ist, keinen einzigen richtigen Nürnberger mehr.

Dafür gibt es zumindest im aktuellen Kader der drei fränkischen Zweitligisten jeweils ein paar waschechte Franken. Beim 1. FC Nürnberg sind es drei: Cedric Teuchert (ehemals DVV Coburg), der Weißenburger Patrick Kammerbauer (DJK Raitenbuch) und Thorsten Kirschbaum, aktuell die Nummer 1, beim Club.

Geboren 1987 in Würzburg kickt Kirschbaum in der Jugend des TSV Obernzenn, wechselt dann in die Club-Jugend. Über die TSG Hoffenheim, den FC Vaduz, den SV Sandhausen und Energie Cottbus kommt er zum VfB Stuttgart. Im Juli 2015 dann die Rückkehr nach Franken. Beim Club ist der als Hoffnungsträger eingekaufte Keeper mal die Nummer 1, dann aber nach Raphael Schäfer die Nummer 2, manchmal aber auch nach Schäfer und Patrick Rakovsky nur noch die Nummer 3. In der Saison 2016/2017 etabliert er sich endgültig als Nummer 1 und überzeugt durch starke Paraden.

Bei den Würzburger Kickers kommt die Nummer 1 aus Franken, ist aber im Tor nur die klare Nummer 2: Dominik Brunnhübner erblickt in Neuendettelsau das Licht der Welt, fängt das Fußballspielen bei den Junioren des 1. FCN an und wechselt vom 1. FC Nürnberg II zum SV Seligenporten. 2015 geht er in die Domstadt zu den Kickers. Dort kicken im Mittelfeld der gebürtige Aschaffenburger Dennis Schmitt und mit Joannis Karsanidis sogar ein gebürtiger Nürnberger, der über den Würzburger FV zu den Kickers in die Zweite Liga gelangte.

Als Franken durch Geburt gelten bei der SpVgg Greuther Fürth nur Sebastian Heidinger und Dominik Schad. Heidinger, in Miltenberg geboren, fängt in der Jugend des SV Viktoria Aschaffenburg mit dem Fußball an und durchläuft die Jugendabteilungen des FC Bayern München. Über den SC Pfullendorf, Fortuna Düsseldorf, Arminia Bielefeld, RB Leipzig und den 1. FC Heidenheim kommt er schließlich im Januar 2016 zur Spielvereinigung.

Ganz anders Rechtsverteidiger Schad. Er beginnt seine Karriere beim FC Wenigumstadt (bei Aschaffenburg). Über die JGS Bachgau und Viktoria Aschaffenburg kommt er 2011 nach Fürth, durchläuft dort der Reihe nach die Jugendmannschaften der Spielvereinigung und schafft den Sprung in den Profikader.

Fürth hat zwar nur zwei echte Franken bei den Profis zu bieten, aber dafür einen, der Franke heißt: Marcel Franke. Er ist in Dresden geboren und beginnt seine Karriere bei Dynamo. Mit der Zwischenstation FC Halle verschlägt es ihn im Sommer 2015 zum Kleeblatt. Dem Sachsen Franke gefällt es in Franken: „Die SpVgg Greuther Fürth ist ein sehr sympathischer Verein. Ich wurde sofort super aufgenommen und fühle mich hier sehr wohl.“

Trotz aller echten und namentlichen Franken: Ohne ausländische Spieler geht heute überhaupt kein Spiel mehr zusammen - weder in der Bundesliga noch in der untersten Amateurliga. Aber was heißt da eigentlich Ausländer? Viele von ihnen sind echte Franken geworden. Als Club-Trainer Günter Sebert 1995 bei einem 2:0-Heimsieg gegen den SV Meppen statt der erlaubten drei Nicht-EU-Ausländer mit dem Österreicher Reinhold Hintermaier einen vierten einsetzte, wurden dem 1. FCN die Punkte wieder aberkannt. Der „Reini“ aber war sich überhaupt keiner Schuld bewusst: „Ich lebe schon so lange in Nürnberg, ich fühle mich gar nicht mehr wie ein Österreicher.“

Ab 2013, Hof/Seligenporten
Von der Bayernliga in die türkische Süper Lig

„Seligenporten angelt sich Top-Stürmer Ekinci – Angreifer verlässt SpVgg Bayern Hof und spart fünfmal die Woche 300 Kilometer Fahrtstrecke.“ Diese Schlagzeile lässt die oberfränkischen Fußballfans im Sommer 2013 aufhorchen. Der damals 23-jährige Cem Ekinci, torgefährlicher Mittelstürmer der SpVgg Bayern Hof wechselt zum Regionalliga-Konkurrenten SV Seligenporten. Der gebürtige Nürnberger verlässt die Oberfranken nach zwei Jahren, in denen er es zum Torschützenkönig der Bayernliga geschafft hat.

Ekinci spielt in der Jugend zunächst bei ATV Frankonia Nürnberg, dann bei der SG Nürnberg/Fürth 1863, bevor er über die SpVgg Greuther Fürth, SG Quelle Fürth und den SC 04 Schwabach als 19-Jähriger endlich von den Talentspähern des 1. FC Nürnberg wahrgenommen wird. Die holen sich den gelernten Industriemechaniker und beidfüßigen Mittelstürmer in die U19, dann in den 1. FC Nürnberg II. In insgesamt 43 Spielen gelingen ihm aber nur vier Treffer.

Der Sprung zu den Profis bleibt ihm damit verwehrt, also geht Ekinci zur SpVgg Bayern Hof. Gleich in seiner ersten Saison in Bayern ganz oben wird er zum Helden. Bayern Hof wird in der Saison 2011/12 hinter dem TSV 1860 Rosenheim und vor dem SC Eltersdorf Vizemeister in der Bayernliga. Von den 55 Toren der Hofer hat Ekinci 21 erzielt und wird damit zum Torschützenkönig der Liga. Und die SpVgg Bayern Hof steigt in die neu geschaffene Regionalliga Bayern auf.

In der darauf folgenden Saison büßt Ekinci seine Treffsicherheit etwas ein. Er steht zwar in 37 von 38 Spielen auf dem Platz, erzielt aber nur acht Tore. Bayern Hof wird 17. Platz und muss damit als Viertletzter in die Relegation, schafft aber den Klassenerhalt im direkten Vergleich gegen den TSV Großbardorf.

Dann platzt die Bombe: Ekinci unterschreibt einen Einjahresvertrag bei den „Klosterern", wie der SV Seligenporten genannt wird. „Ich wohne in Nürnberg und fahre fünfmal die Woche 150 Kilometer einfache Strecke nach Hof. Das ist mir zu viel geworden. Ich hatte wirklich zwei schöne Jahre in Hof", verkündet der Stürmer zum Abschied. Ohne ihn steigt die SpVgg Bayern Hof in der nächsten Saison ab. Die „Klosterer" sind erfolgreicher und landen am Ende der Saison 2013/2014 auf Platz 7. Ekinci steht in 36 von 38 Spielen auf dem Platz und erzielt neun Tore.

Von der Bayernliga geht es für den torgefährlichen Mittelstürmer dann direkt in die türkische Süper Lig zu Kayserispor. In der Millionenstadt in Kappadokien fasst der Nürnberger Ekinci nicht recht Fuß. In der obersten türkischen Spielklasse darf er nur zweimal sein Können in der ersten Mannschaft von Kayserispor zeigen. Es zieht in nach Istanbul. Er erhält einen Vertrag bei Eyüpspor. Der Verein aus dem Istanbuler Bezirk Eyüp spielt in der TFF 2. Lig, also in der dritten türkischen Liga. Es ist zwar nicht mehr die Süper Lig, aber Ekinci darf wieder spielen. In der Saison 2015/2016 fehlt er bei fast keinem Spiel und macht – wie in besten alten fränkischen Zeiten – 13 Tore.

2006/2007, Nürnberg
Der Elfmeter-Töter und Pokal-Held

Er ist die Nummer zwei im Tor des Clubs. An Raphael Schäfer gab's in den vier Jahren, seit er 2004 von Hansa Rostock kam, ebenso wenig ein Vorbeikommen, wie im größten Teil der Saison 2007/08 an Jaromir Blazek. Trotzdem wird Daniel Klewer den Club-Anhängern auf Dauer in Erinnerung bleiben als der Mann, der den Weg zum Pokalsieg 2007 ebnete.

Im Achtelfinale gegen die SpVgg Unterhaching schreibt der 1,92 Meter lange, ruhige Schlussmann erstmals Schlagzeilen, als er als Vertreter des verletzten Schäfer zunächst 120 Minuten lang nicht zu überwinden ist und dann im Elfmeterschießen nicht weniger als vier Strafstöße pariert. Im Magazin „11 Freunde" verrät er später sein Erfolgsgeheimnis: „Die Elfmetersituation ist eine rein mentale Angelegenheit. Es kommt dabei auf die Antizipationsfähigkeit an. Man muss sich in die Lage des Stürmers versetzen können. Der steht ja unter einem ungleich größeren Druck als man selbst. Gerade nach 120 Minuten ist er so platt, dass er sich kaum noch konzentrieren kann. Das muss man ausnutzen."

Im Viertelfinale gibt es wieder ein Heimspiel, diesmal gegen Hannover 96, wieder heißt es kurz vor dem Ende der Verlängerung 0:0. Dann wechselt Trainer Hans Meyer in der 119. Minute den Elfmetertöter Daniel Klewer für Raphael Schäfer ein. Und tatsächlich wird der nervenstarke Torwart erneut zum Helden. Er hält die Schüsse von Stajner und Schröter – der Club gewinnt mit 4:2 und steht im Halbfinale.

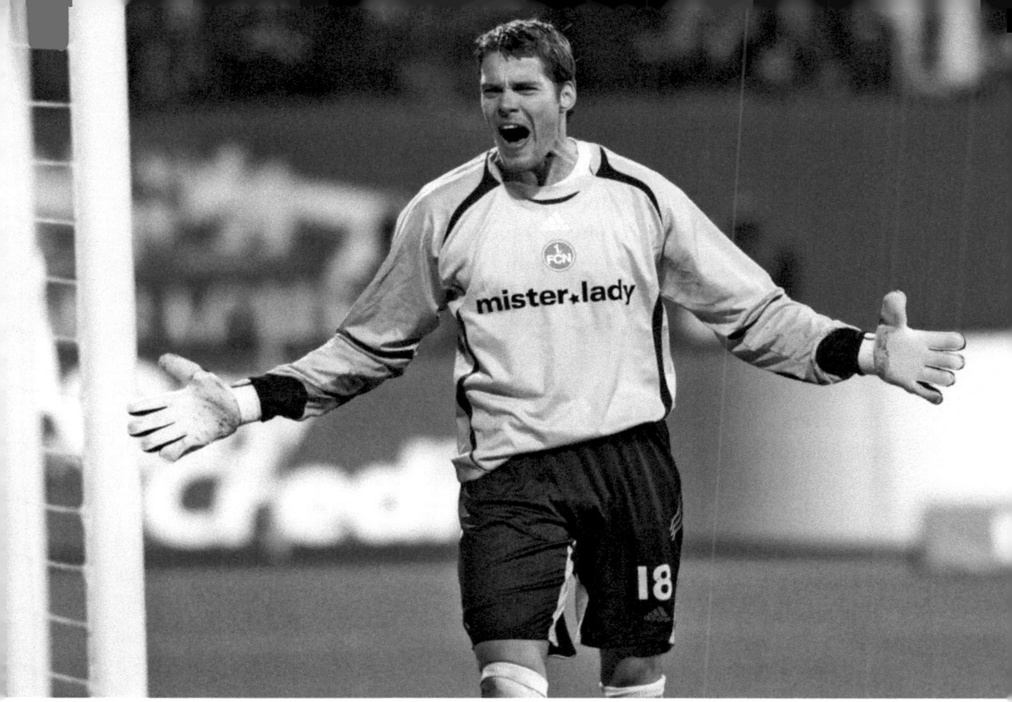

Torhüter des 1. FCN Daniel Klewer: er ebnete den Weg zum Pokalsieg 2007

Hinterher gab der Trainerfuchs zu, dass er die Einwechslung einfach aus dem Gefühl des Augenblicks heraus beschlossen hat. „Stellen Sie sich vor: Eine Minute vor Schluss kommen die Hannoveraner noch einmal vors Tor und Klewer lässt den Ball durch die Beine rutschen … Wenn ich das bis zum Letzten durchdacht hätte, hätte ich wahrscheinlich gesagt: ‚Hans, du Dummkopf!'"

Nach dem Weggang von Torhüter Schäfer glaubt Klewer an seine Chance, doch Trainer Meyer macht den Tschechen Jaromir Blazek zur Nummer eins. Der darf sich viele Fehler erlauben, und erst am 23. Spieltag steht Klewer zwischen den Pfosten – für drei Spiele, sowie ab dem 29. Spieltag, als Blazek sich verletzt. Zur Saison 2008/09 holt der Club Schäfer wieder zurück und Klewer bleibt wieder nur die Ersatzbank. In den nächsten Jahren arbeitet er als Torwarttrainer der zweiten Mannschaft.

2007, Berlin
„Dann nehmen wir den Pokal halt mit"

Am 26. Mai 2007 beeindruckten die Clubfans beim Pokalfinale im ausverkauften Olympiastadion in Berlin mit einer prophetischen Choreographie. Auf einem riesigen Spruchband, das sich durch die ganze Nordkurve zog, prangte der auf typisch fränkische Art von unaufgeregter Zuversicht zeugende Spruch: „Auch in 39 Jahren ohne Titel waren wir stets stolz und treu! Aber wenn wir schon mal hier sind, nehmen wir den Pokal halt mit!“

Zu Beginn des Pokalwettbewerbs konnte niemand damit rechnen, dass der Weg des 1. FCN bis ins Finale führen könnte, denn die Club-Elf erledigte ihre ersten Aufgaben nur mühsam und dank Torwart Daniel Klewer, der im Achtelfinale gegen die SpVgg Unterhaching zu Hause im Elfmeterschießen nicht weniger als vier Elfmeter parierte und im Viertelfinale zu Hause gegen Hannover 96 im Elfmeterschießen erneut zweimal parieren konnte.

Kein Zittern, sondern triumphale Gefühle gab es anschließend im Halbfinale: Im ausverkauften Stadion fegte ein wie entfesselt aufspielender 1. FC Nürnberg eine überforderte Eintracht aus Frankfurt mit 4:0 vom Platz (Tore: Engelhardt, Saenko, Galasek und Pagenburg). Nach 25 Jahren war der Club wieder in einem Finale.

Fünf Wochen später dann das Pokalendspiel gegen den neuen Meister, den VfB Stuttgart: Der Club gilt als Außenseiter, aber nicht als chancenlos – beide Spiele in der Liga hatte er gewonnen. Auf dem Platz machen die in Weiß angetretenen Cluberer Dampf und bedrängen das Stuttgarter Tor – Schuss von Mintal, Kristiansen flankt gefährlich –, aber auch der VfB geht das Tempo mit und zeigt feine Spielzüge. Glück für den Club, dass kein Pfiff erfolgt, als Khedira bei einem Zweikampf mit Nikl im Strafraum zu Fall kommt. Der Club bleibt weiter am Drücker, aber dann gibt es die überraschende Führung für den VfB: Khedira passt auf Cacau, und der vollstreckt zum 1:0.

Nur sieben Minuten später schlägt der Club zurück: Nach einem famosen Pass von Markus Schroth flankt Dominik Reinhardt auf Marek Mintal, und der schießt ein zum 1:1. Wenig später schlägt Stuttgarts Cacau bei einem Zweikampf Clubverteidiger Andreas Wolf in den Magen. Schiedsrichter Weiner berät sich kurz mit seinem Assistenten. Ergebnis: Rot für Cacau.

Nur zwei Minuten später verliert Stuttgarts Meira die Nerven und grätscht mit gestreckten Beinen Marek Mintal um. Das brutale Foul schockt die Clubfans, für einen Moment wird es ganz still im Stadion. Dann Pfiffe: Ein weiterer Platzverweis wäre fällig, aber Schiedsrichter Weiner zeigt diesmal nur Gelb – und der verletzte Mintal wird vom Platz getragen.

Nach dem Seitenwechsel setzt der Club nach und hat rasch Erfolg. Pinola tritt eine Ecke, Marco Engelhardt trifft per Kopf zum 2:1. Nun gleicht das Olympiastadion einem Tollhaus, die Zeichen stehen auf Sieg für die Cluberer: ein Tor mehr und ein Mann mehr auf dem Platz. Jetzt besinnen sich die Stuttgarter auf die Qualitäten, die ihnen die Meisterschaft gebracht hatte. Aber der Club wankt nicht. Galasek verteilt geschickt die Bälle, Pinola, Saenko und Schroth laufen sich die Lunge aus dem Leib und werden immer wieder gefährlich, hinten macht der überragende Wolf alles dicht.

Stuttgart bringt mit Boka für Osorio eine weitere Offensivkraft, richtig gefährlich wird es, als Mario Gomez einen Ball von Hitzlsperger aufnimmt, ihn

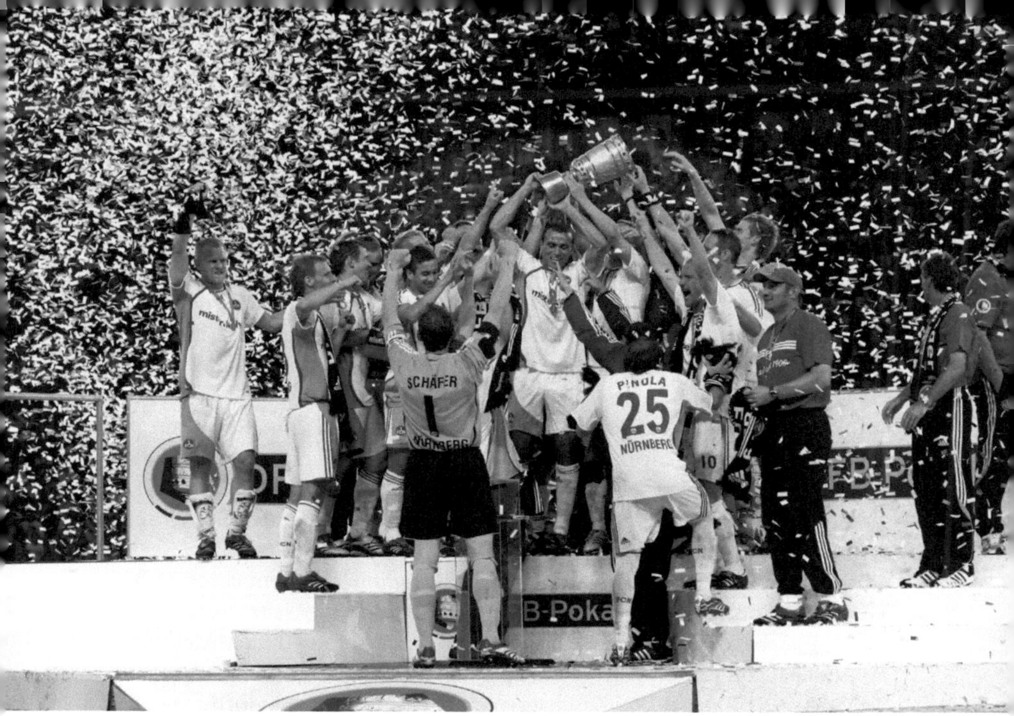

So sehen Sieger aus ...

an Raphael Schäfer vorbeilegt – und der dann den Stuttgarter Mittelstürmer von den Beinen holt. Pardo verwandelt den Elfmeter souverän.

Der Club ist jetzt angeschlagen, Stuttgart sucht die Entscheidung, ohne Erfolg. Es geht in die Verlängerung. Das Spiel wiegt hin und her, schließlich fasst sich in der 109. Minute Jan Kristiansen ein Herz. Der Däne, bis dahin ohne Tor und ohne große Perspektiven beim 1. FCN, umkurvt Meira, legt sich den Ball noch einmal vor und zieht aus 25 Metern ab. Hildebrand streckt sich vergeblich, der Ball senkt sich ins Toreck. 3:2 für den 1. FCN.

Das, was vorher unmöglich erschienen war, war vollbracht: Der erste Titel für den einst so ruhmreichen Club nach 39 Jahren! „Wir sind auferstanden", formulierte es ein überglücklicher Präsident Michael A. Roth. Als die von den Fans frenetisch gefeierten Spieler auf dem Platz Freudentänzchen vollführten, konnte auch der von einer vorsorglichen medizinischen Untersuchung ins Stadion zurückgekehrte Marek Mintal wieder lachen.

Der „Berliner Tagesspiegel" sprach von einem tollen, mitreißenden, ja dem besten Pokalfinale seit vielen Jahren. „FAZ online" schrieb: „Nirgendwo in Deutschland war die Sehnsucht nach einem Titel stärker als beim einstigen Rekordmeister 1. FC Nürnberg, dem angesichts der Übermacht der Münchner Bayern mit den Jahren das Selbstwertgefühl abhanden kam. Es war auch diese Gier nach Erfolg, die den Club in Berlin antrieb."

2007/2008, Nürnberg in Europa
„Erste Runde Bukarest, zweite Runde Rom …“

„Erste Runde Bukarest, zweite Runde Rom, in Kopenhagen schellt das Telefon, vielleicht nach Rotterdam, vielleicht nach Mailand, vielleicht auch Teneriffa eine Woche Sandstrand! Europapokal, Europapokal …“ Anfangs war es nur ein Gag, als die Club-Fans in der Saison 2005/06 angesichts des munteren Hinaufkletterns in der Tabelle nach dem Trainerwechsel von Wolfgang Wolf zu Hans Meyer das Lied auf den Rängen anstimmten.

In der darauf folgenden Saison gehörte es dann schon fest zum Repertoire der sangesfreudigen Anhänger, und beim Pokalsieg im Berliner Olympiastadion schmetterte die ganze Club-Kurve das Lied. Die Auslosung zur ersten UEFA-Cup-Runde machte das Lied dann endgültig zum Hit, denn der Gegner hieß – wie im Song vorausgesagt – Bukarest, Rapid Bukarest.

19 Jahre blieb dem 1. FC Nürnberg eine Teilnahme an einem europäischen Wettbewerb nur ein kühner Wunschtraum. „Wenn man 19 Jahre wartet, hätte es der Fußballgott besser meinen können“, kommentierte Trainer Meyer das Los. Fußballgott hin oder her, beim Spiel in Nürnberg zeigte der Club am 20. September 2007 vor 40.066 Zuschauern eine starke Leistung – doch es fehlten die Tore. Mittelstürmer Angelos Charisteas versiebte drei 100-prozentige Chancen, auch Kristiansen und Engelhardt trafen aus aussichtsreicher Position das Tor nicht.

Beim Rückspiel waren es die Rumänen, die mit ihren wendigen Stürmern Cesinha und Boya im Hexenkessel des Valentin-Stanescu- Stadions schwungvoll begannen. Schon nach 15 Minuten war Cesinha nach einem Eckball zur Stelle und köpfte Rapid in Führung. Doch die Club-Spieler hielten dagegen. Peer Kluge in der 22. Minute und Zvjezdan Misimovic mit einem gefühlvollen Schlenzer in der 56. Minute drehten das Spiel. 1.000 mitgereiste Club-Fans waren aus dem Häuschen. Der 2:2-Ausgleich durch Lazek Sekunden vor Abpfiff in der vierten Minute der Nachspielzeit störte den Club- Jubel nicht mehr. „Unsere Jungs haben Geschichte geschrieben“, freute sich Sportdirektor Martin Bader zu Recht, denn erstmals seit 1962 hatte der 1. FCN die erste Runde in einem europäischen Wettbewerb überstanden.

Die Auslosung in Nyon in der Schweiz bescherte dem Club in der Gruppe A mit dem FC Everton, Zenit St. Petersburg, AZ Alkmaar und AE Larissa attraktive Kontrahenten. „Das sind richtig schöne Gegner“, fand dieses Mal Trainer Meyer. Während der Club in der Bundesliga in der Abstiegszone vor sich hin dümpelte, lieferte er am 8. November im ersten Gruppenspiel zu Hause gegen den FC Everton, dem Gründungsmitglied der englischen Football-League, eine engagierte Partie. Bis zur 83. Minute stand es vor ausverkauftem Haus 0:0. Dann schlugen Arteta und Anichebe eiskalt zu. Wieder kein Heimsieg im Europapokal, der letzte datierte vom 10. April 1963: 2:1 gegen Atletico Madrid.

Als Außenseiter fuhr die Elf von Hans Meyer ins winterliche Russland zum frisch gebackenen russischen Meister Zenit St. Petersburg. Im ausverkauften Petrovsky-Stadion brachte Charisteas die Nürnberger in der 26. Minute in Führung. Es folgte ein Doppelschlag der Russen mit Pogrebnyak und Ionov in der 76. und 79. Minute, doch nur fünf Minuten später war der eingewechselte Leon Benko zur Stelle und markierte den 2:2-Endstand – gegen den Verein, der im Halbfinale zu Hause in Russland Bayern München mit 4:0 entzaubern und dann den UEFA-Pokal gewinnen sollte.

Mit dem Punktgewinn in Petersburg lag der Club in der Gruppe A aussichtsreich im Rennen. Eine Woche später gaben die stark eingeschätzten Holländer vom AZ Alkmaar ihre Aufwartung in Nürnberg. Zur Halbzeit hieß es durch De Zeeuw (29.) völlig verdient 0:1. Doch in der zweiten Hälfte zeigte der Club einen Fußball, den seine Fans in der laufenden Bundesliga-Saison in nahezu jedem Spiel schmerzlich vermissen sollten. In der 83. Minute wurde dieses Engagement belohnt. Nach toller Vorarbeit von Saenko war das Phantom, Marek Mintal, zur Stelle. Nur zwei Minuten später war es wieder der Slowake, der auf Vorlage von Reinhardt zum 2:1-Sieg traf. Der erste Europapokal-Heimsieg seit 44 Jahren war damit perfekt.

Den ersten Auswärtssieg seit dem 2:1 gegen den AS Rom 1988 in Rom ließen die Club-Spieler vier Tage vor Heiligabend gegen den AE Larissa im griechischen Volos folgen. In der 45. Minute glich Ivan Saenko die Führung der Griechen durch den Ex-Fürther Kozlej aus der 11. Minute aus. Dann schlugen Mintal (57.) und Charisteas (73.) zu, und der 1. FC Nürnberg hatte in der schweren Gruppe A ein kleines Wunder geschafft: Platz 2 mit sieben Punkten bei 7:6 Toren hinter dem FC Everton und vor Zenit St. Petersburg und AZ Alkmaar. Der Club überwinterte aussichtsreich im Europapokal – in der Bundesliga aber auf einem Abstiegsplatz. Die Auslosung 14 Stunden später bescherte dem 1. FCN mit Benfica Lissabon einen Gegner, bei dem in Nürnberg Erinnerungen wach wurden. Im Viertelfinale des Europapokals der Landesmeister 1961 hatten sich beide Mannschaften schon einmal gegenüber gestanden. Nach einem souveränen 3:1-Erfolg zu Hause, gingen im Estadio da Luz (Stadion des Lichts) für den Club jedoch am 22. Februar 1962 mit einem 0:6 buchstäblich die Lichter aus.

Begleitet von 5.000 Fans, die den zentralen Platz in Lissabon, den Rossio, in eine schwarz-rote Festung verwandelten, und zum ersten Mal gecoacht von Thomas von Heesen – Hans Meyer war zwei Tage zuvor entlassen worden – versteckte sich der 16. der Bundesliga-Tabelle am 14. Februar 2008 im nur mit 30.000 Zuschauern spärlich gefüllten Estadio da Luz nicht. Engelhardt, Adler, Galasek und Reinhardt ließen in der ersten Halbzeit beste Chancen aus. Wie aus dem Nichts ging aber der 31-fache portugiesische Meister in der 43. Minute mit 1:0 in Führung. Wieder einmal hatte Club-Keeper Blazek im entscheidenden Moment gepatzt und einen harmlosen, unplatzierten Distanzschuss von Makukula passieren lassen.

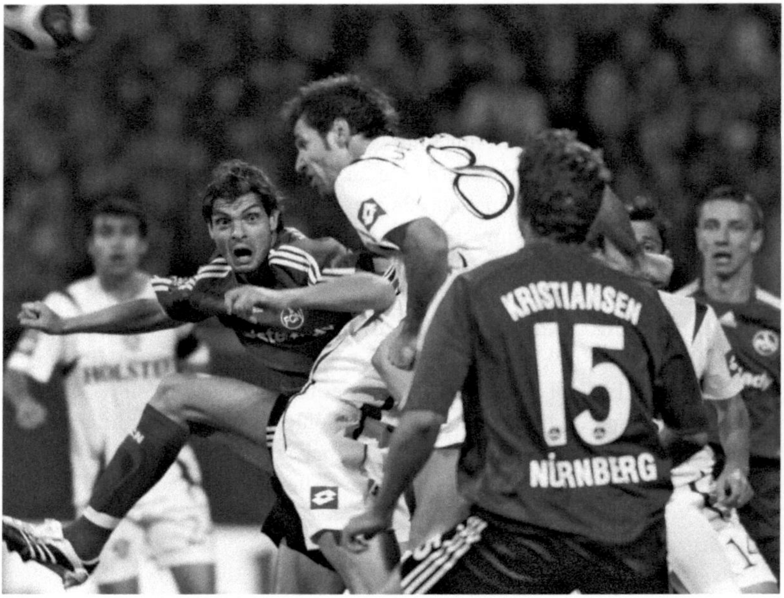

Der Club im Spiel gegen Rapid Bukarest: Charisteas (Mitte) und Kristiansen

Aufgrund der gezeigten Leistung waren die Club-Spieler dennoch optimistisch. „Da ist im Rückspiel noch etwas drin", meinte nicht nur Verteidiger Javier Pinola. Recht hatte er, denn eine Woche später stand der 1. FCN nach dem Treffer von Angelos Charisteas (58.) auf Zuspiel von Mnari schon mit einem Bein im Achtelfinale. Dann setzte Pinola einen 25-Meter-Gewaltschuss an den Pfosten, und als Ivan Saenko in der 65. Minute einen Rückpass erlief, nervenstark Lissabons Torhüter Quim umkurvte und zum 2:0 einschoss, schien das Spiel entschieden zu sein. Doch dann ging den Nürnbergern buchstäblich die Luft aus. Trainer von Heesen hätte zwar noch dreimal auswechseln können und damit nicht nur frische Spieler bringen, sondern auch wichtige Zeit gewinnen können, doch er ließ es bleiben.

Mit einem Doppelschlag durch die beiden Einwechselspieler (!) Oscar Cardozo (89.) und Angel Di Maria in der zweiten Minute der Nachspielzeit platzte der Traum vom Weiterkommen. Trotzdem: Es war der größte Vereinserfolg auf europäischer Ebene seit dem Scheitern im Halbfinale gegen Madrid 1963.

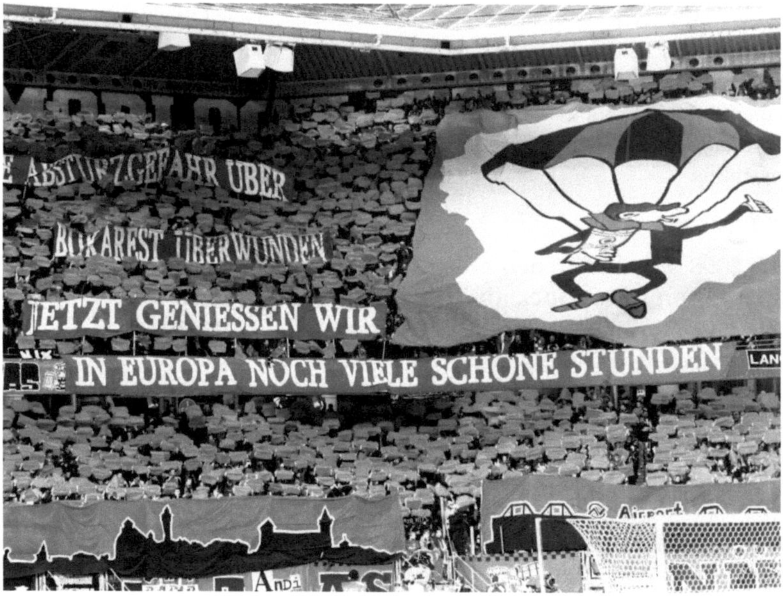

FCN-Fans bei Spiel des Club gegen den FC Everton

2007/2008, Europa
„Jacky" auf großer Tour

In Nürnberg und auch in einigen Teilen Europas kennt man nun „Jacky", das Maskottchen der „Ultras Nürnberg", das auf ihren riesigen Transparenten prangt. Die Figur entstammt dem britischen Comic namens „Andy Capp", gezeichnet von Reginald Smythe. 1957 starteten die Geschichten des kleinen Männchens mit der Zigarette zwischen den Lippen und der tief ins Gesicht gezogenen grünen Schiebermütze in den Zeitungen „Daily Mirror" bzw. „Sunday Mirror". Heute ist Andy Capp in 700 Zeitungen in 34 Ländern zu Hause.

Schon beim Pokalsieg in Berlin zeigte die Fan-Choreografie der Nürnberger Ultras das Maskottchen, wie es sich den DFB-Pokal unter den Arm klemmte. Beim Heimspiel gegen Rapid Bukarest flog „Jacky" dann in einem roten Propellerflugzeug durch die Nordkurve. Bukarester Fans revanchierten sich im Rückspiel und ließen den mutigen Helden der Lüfte von Abfangjägern abschießen. Gegen Everton segelte „Jacky" nach dem überstandenen Abenteuer in Rumänien lässig im Fallschirm herab. „Die Absturzgefahr über Bukarest überwunden, jetzt genießen wir in Europa noch viele schöne Stunden", war in großen Lettern zu lesen. Beim Heimspiel gegen Alkmaar grüßte „Jacky" dann im Hinblick auf das letzte Gruppenspiel in Larissa aus einem Schiff: „Selbst über

Berge wie auch übers Meer, unsere Liebe führt uns an alle Orte hinterher.“ In das entscheidende Heimspiel gegen Benfica Lissabon ging „Jacky“ als unerschrockener Schiffskapitän ausgestattet mit einem mächtigen Säbel und einem großen Kompass. „Lasst die Kompassnadel weiterdrehen und Träume in Erfüllung gehen“, hieß es auf dem Spruchband. Doch diesmal war selbst „Jacky“ machtlos.

Ab 2008: Franken in den Entscheidungsspielen
Relegation – eine Spezialität aus Franken

Nach einer zehnjährigen Phase von 1982 bis 1991 gibt es im deutschen Profifußball seit der Saison 2008/2009 wieder Relegationsspiele um den Aufstieg in die bzw. den Verbleib in der Bundesliga. Der Drittletzte der Bundesliga und der Dritte der Zweiten Bundesliga tragen zwei Entscheidungsspiele um einen Platz in der höchsten Spielklasse aus. Mit vier fränkischen Beteiligungen – dreimal der 1. FC Nürnberg und einmal die SpVgg Greuther Fürth – ist die Relegation eine regelrechte Spezialität aus Franken.

Gleich im ersten Jahr der Wiedereinführung nutzt der 1. FC Nürnberg als Dritter der Zweiten Bundesliga die Chance der Relegation. Gegner ist der FC Energie Cottbus. Mit einem klaren 3:0-Erfolg in der Lausitz ist nach dem ersten Spiel der Fall eigentlich schon erledigt. Zweimal Isaac Boakye und einmal Christian Eigler heißen die Nürnberger Torschützen. Zu Hause sind es Christian Eigler und Marek Mintal, die den Club jubeln lassen. Der 1. FC Nürnberg gehört wieder zum Oberhaus.

Als Drittletzter muss der Club im nächsten Jahr wieder in die Relegation – dieses Mal gegen den aufstrebenden FC Augsburg. Erneut übersteht der Club mit blütenreiner Weste diesen Stresstest der besonderen Art. Zu Hause sorgt Relegationsspezialist Eigler mit seinem Treffer in der 84. Minute für eine gute Ausgangsposition. In der Fuggerstadt bringt Ilkay Gündogan die Nürnberger in Führung, und in der 53. Minute macht Eric Maxim Choupo-Moting mit einem verwandelten Strafstoß alles klar: Nürnberg bleibt im Oberhaus.

Die nächsten drei Relegationsrunden kommen ohne fränkische Beteiligung aus. Der VfL Bochum zieht gegen Borussia Mönchengladbach den Kürzeren, Fortuna Düsseldorf triumphiert über Hertha BSC, und die TSG 1899 Hoffenheim verwehrt dem 1. FC Kaiserslautern den Einzug in die Bundesliga.

2014 aber mischt die SpVgg Greuther Fürth mit. Gegner ist der Bundesliga-Dino, der Hamburger SV.

Bestens eingestellt und sehr selbstbewusst erreicht die Mannschaft von Trainer Frank Kramer in Hamburg ein verdientes 0:0. Greuther Fürth ist dem Sieg näher als die nervösen Norddeutschen. Im Rückspiel bringt HSV-Torjäger Pierre-Michel Lasogga den Bundesligisten in der 14. Minute in Führung. Für die Kleeblättler trifft Stephan Fürstner in der 59. Minute zum Ausgleich. Es ist ein Kampf bis zur letzten Minute. Mit Glück und Geschick bringt der HSV das Unentschieden über die Zeit und bleibt dank des Auswärtstores in der Bundesliga.

Im nächsten Jahr muss der HSV in der Relegation gegen den Karlsruher SC sogar in die Verlängerung, gewinnt dort mit 2:1 (Hinspiel 1:1) und hat erneut das Glück auf seiner Seite. Dann aber mischt Franken in Gestalt des 1. FC Nürnberg wieder in der Relegation mit: Als Dritter der Zweiten Bundesliga muss sich der Club mit dem Drittletzten der Bundesliga, mit der Eintracht aus Frankfurt, auseinandersetzen.

Im ersten Spiel in Frankfurt läuft für den Zweitligisten alles nach Plan. Die Eintracht ist zwar spielerisch überlegen, der Club überwiegend defensiv eingestellt, doch in der 43. Minute liegt der Ball im Frankfurter Tor. Der Unglücksrabe heißt Marco Russ. Der Frankfurter – am Vorabend des Spiels war bei ihm Hodenkrebs diagnostiziert worden, er wollte aber unbedingt spielen – hat einen Schuss von Sebastian Kerk ins eigene Tor abgelenkt. In der 65. Minute gelingt Mijat Gacinovic der Ausgleich und damit das bis zu diesem Zeitpunkt erste Relegationsgegentor, das die Nürnberger hinnehmen mussten.

Mit dem 1:1 geht es nach Nürnberg ins Rückspiel. Der Club ist dank des Auswärtstores im Vorteil und wähnt sich 65 Minuten als Erstligist. Dann aber ist Haris Seferovic zur Stelle. Nach einer Einzelaktion von Mijat Gacinovic muss der Schweizer nur noch den Fuß hinhalten und bringt die Eintracht in Führung. Trotz aller Nürnberger Offensivbemühungen und aller Frankfurter Zeitschinderei bei Einwürfen und vermeintlichen Verletzungen bleibt es dabei. Der Club bleibt zweitklassig und das ganze Stadion verabschiedet die Mannschaft mit einem laustarken „You´ll never walk alone“.

Nürnbergs saubere Relegationsweste ist damit befleckt, und die fränkischen Relegationsstatistik ist ausgeglichen: zwei Siege und zwei Niederlagen.

2012, Fürth
Das Ende des Mythos der „Unaufsteigbaren“

Seit 1997 gehörte die SpVgg Greuther Fürth ununterbrochen der 2. Bundesliga an. Nach dem Klassenerhalt 1998 etablierte man sich als feste Größe in der 2. Bundesliga. Unter der Regie von Benno Möhlmann, aber auch unter anderen Trainern wie Eugen Hach und Bruno Labbadia scheiterten die Kleeblättler oftmals kurios und nur denkbar knapp an der Rückkehr in die Erstklassigkeit.

In den elf Spielzeiten von der Saison 2000/01 bis zur Saison 2010/2011 landete man sieben Mal auf Platz 5 und einmal auf Platz 4. „Lieber Fünfter als Fürther“, spottete man längst in der Nachbarstadt Nürnberg, aber auch im eigenen Umfeld wurde gemunkelt, man wolle gar nicht aufsteigen. Sogar von einem von Präsident Helmut Hack höchst persönlich verordneten Aufstiegsverbot war die Rede. Ungewollt entstand so der Mythos der Unaufsteigbarkeit. 2009 verkauften die Sportfreunde Ronhof vor Saisonbeginn T-Shirts mit dem Aufdruck: „Unaufsteigbar-Tour" an die Fans. Diese Wortschöpfung übernahm zwei Jahre später der Verein und druckte entsprechende Großflächenplakate. Auch der Mannschaftsbus der SpVgg wurde entsprechend beschriftet- und damit letztendlich das Ende dieses Mythos eingeläutet.

Nach dem undankbaren vierten Platz in der Saison 2010/11 wollte die SpVgg endlich in die Bundesliga durchstarten. Seit Mike Büskens im Dezember 2009 die Nachfolge von Benno Möhlmann angetreten, hatte er mit bescheidenen Mitteln eine schlagkräftige Mannschaft mit hungrigen, jungen Spielern geformt. Die Saison startete aber denkbar schlecht mit einer 2:3-Heimniederlage gegen Eintracht Frankfurt. Doch schon ein darauf folgendes deutliches 4:0 bei Union Berlin ließ aufhorchen. Nach zwei weiteren Siegen gegen Dresden und in Paderborn lag die SpVgg schon auf Platz 3. Nach einem 3:0 zu Hause gegen den FC Ingolstadt und einem 4:1 Sieg beim VfL Bochum grüßte die SpVgg erstmals von der Tabellenspitze der Zweiten Liga.
Erst die Heimniederlage gegen Eintracht Braunschweig am 13. Spieltag sorgte für einen kleinen Dämpfer, doch zum Ende der Hinrunde lag die SpVgg mit 36 Punkten aussichtsreich auf Platz 3, zwei Punkte hinter Eintracht Frankfurt und fünf Punkte hinter Fortuna Düsseldorf. Ein 0:0 zum Rückrundenstart in Frankfurt und ein erneut deutliches 5:0 zu Hause gegen Union brachte den Sprung auf Platz 2.

Die 1:3-Niederlag gegen Dynamo Dresden am 20. Spieltag war gleichzeitig die letzte Niederlage der Saison. Es folgten eine Serie aus acht Siegen und sechs Unentschieden mit 31:10 Toren. Bereits am 32. Spieltag war nach einem 1:1-Unentschieden gegen den FSV Frankfurt am 20. April 2012 Fürths erster Aufstieg in die Bundesliga perfekt.

Am letzten Spieltag erreichte die Mannschaft durch ein 2:2 bei Hansa Rostock sogar den Meistertitel der 2. Bundesliga. 70 Punkte hatte man gesammelt und auch im DFB-Pokal war man die Überraschungsmannschaft. Im Achtel- und Viertelfinale besiegte die SpVgg jeweils auswärts die Bundesligisten 1. FC Nürnberg und TSG 1899 Hoffenheim und schied erst im Halbfinale durch ein Gegentor in der letzten Minute der Verlängerung gegen den späteren Doublegewinner Borussia Dortmund aus.

Schon nach dem 1:1 gegen den FSV Frankfurt und dem endgültig feststehenden Aufstieg gab es in der Kabine in Frankfurt aber auch in der Kleeblatt-Stadt kein Halten mehr. Es knallten die Sektkorken, Konvois hupender und mit grün-weißen Schals behängter Auto schlängelten sich durch die Fürther Innenstadt. Tausende skandierten „Nie mehr zweite Liga". In den VIP-Räumen des Fürther Stadions stieg nach der Rückkehr der Mannschaft eine rauschende Partynacht. Mitarbeiter der Geschäftsstelle, Spieler und Spielerfrauen feierten ausgelassen.

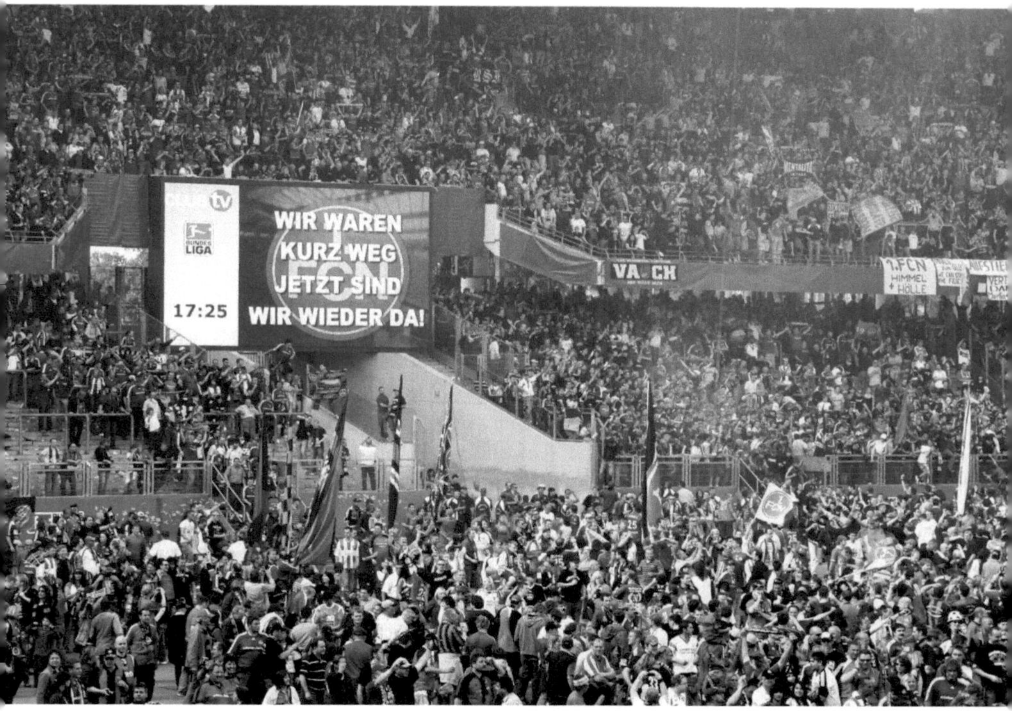

Fanblock des 1. FCN beim Spiel gegen FC Energie Cottbus (2009)

„Die Jungs sollen es krachen lassen und den Moment einfach nur genießen", gab sich Trainer Mike Büskens kulant.

Das Nachrichtenmagazin „Der „Spiegel" sprach vom „Fürther Jahrhunderttraum" und machte Büskens als „Vater des Erfolgs" aus. Er habe als „bodenständig akribischer Arbeiter aus Eigengewächsen, gepaart mit erfahrenen Kräften wie Gerald Asamoah ein spielstarkes Team" geformt.

Als Spieler gehörte Büskens zu den Schalker „Eurofightern", die 1997 den UEFA-Pokal gewannen, jetzt landete er seinen größten Erfolg als Trainer. „Für den Verein und für die Stadt ist der Aufstieg sensationell", sagte er. Zusammen mit Mannschaftskapitän Thomas Kleine verhehlte Büskens nicht seine „riesige Genugtuung" darüber, dass das Gerede von den „unaufsteigbaren Fürthern" nun ein Ende hat. „Ich konnte es nicht mehr hören, dieser ewige Pessimismus", gestand der Trainer. „Es hieß, wir wollen nicht aufsteigen, wir können nicht aufsteigen. Das ist jetzt vorbei", betonte Kleine.

Bei der offiziellen Aufstiegsfeier nach dem 1:1 im letzten Heimspiel gegen Fortuna Düsseldorf am 29. April gab es dann auf dem Rasen die obligatorische Bierdusche für Büskens. Rund 30 000 Menschen feierten danach die

Mannschaft, die sich zusammen mit dem freudetrunkenem Büskens auf dem Rathaus-Balkon zeigte. „Das war einer der emotionalsten Momente in meiner Karriere", gestand Büskens hernach. „Für die Stadt Fürth ist der Aufstieg die Erfüllung eines Jahrhunderttraums", erklärte Fürths Oberbürgermeister Thomas Jung. Vereinspräsident Hack sprach von einer „neuen Dimension in unserer Vereinsgeschichte". Mit dem Sprung in das Fußball-Oberhaus habe man „ein kleines Wunder erlebt".

2013, Nürnberg/Fürth
Das einzige Tor im Bundesliga-Derby

Wenn man als Franke im ältesten Derby Frankens und Deutschlands zum Helden wird, dann ist das eine schöne Geschichte. Wenn es sich dabei aber um den Torschützen handelt, der in diesem traditionellen Derby das bislang einzige Tor auf Bundesliga-Ebene erzielt hat, dann ist das eine ganz besondere Geschichte.

Der Held heißt Johannes Geis. Man schreibt den 21. April 2013, der Ort seiner Heldentat ist das mit 50.000 Besuchern ausverkaufte Nürnberger Stadion. Es ist das 256. Derby zwischen dem Club und den Kleeblättlern, nach einem hart umkämpften 0:0 im Hinspiel aber erst das zweite Nachbarschaftsderby auf Bundesliga-Niveau. Es ist der 30. Spieltag, Greuther Fürth hat erst zwei Siege eingefahren und ist weit abgeschlagen Tabellenletzter, der 1. FC Nürnberg steht auf Platz 11 im gesicherten Mittelfeld.

Es ist ein Sonntag und die Stadionuhr zeigt die 28. Spielminute. Geis hatte sich den Ball im Mittelfeld gesichert und läuft auf das Nürnberger Tor zu. Kein Verteidiger des Clubs greift ich an. Mit seinem schwächeren linken Fuß zieht er aus 25 Metern ab. Der fulminante Schuss schlägt unhaltbar ins linke obere Eck zum 0:1. Das erste Bundesliga-Tor der langen, langen Derby-Geschichte.

Und es sollte das einzige bleiben, denn alle Bemühungen des 1. FC Nürnberg bleiben erfolglos. Greuther Fürth schlägt den 1. FCN im eigenen Stadion und der erst 19-jährige Johannes Geis ist der gefeierten Derbyhelden.

„Wir haben mit einem Gewaltschuss das Spiel entschieden. Dem Johannes traue ich einen solchen Schuss jederzeit zu, sowohl mit rechts als auch mit links", versichert Fürths Trainer Frank Kramer nach dem Abpfiff. Auch Club-Trainer Michael Wiesinger lobt den Torschützen: „Geis trifft den Ball optimal. Er hat auch einen guten Schuss aus der Distanz."

Und der Schütze selbst? „Ich denke, das war ein schöner Schuss", freut sich der Youngster nach dem Abpfiff. „Ich freu mich, dass ich der Mannschaft helfen konnte. Ich habe noch nie ein Derby verloren!" An welche Derbys der Mittelfeldakteur mit der guten Übersicht und dem strammen Schuss gedacht hat, bleibt sein Geheimnis – vielleicht war es das des TSV Oberstreu gegen den TSV Mittelstreu.

1993 in Schweinfurt geboren, beginnt Geis beim TSV Oberstreu das Fußballspielen. Von dort wechselt er zum TSV Mittelstreu und schließlich in die Jugend des TSV Großbardorf. Sein großes Talent im zentralen defensiven Mittelfeld fällt schnell Spähern weit über die Grenzen der rund 1.000 Einwohner zählenden Gemeinde im Landkreis Rhön-Grabfeld hinaus auf. Geis wird in die U-16-Nationalmannschaft berufen und wechselt 2008 in die Jugend der SpVgg Greuther Fürth. Schon zwei Jahre später gibt er sein Profidebüt in der Zweiten Bundesliga beim 4:0 Sieg der Kleeblättler beim SC Paderborn.

In seiner ersten Spielzeit als Profi absolviert Geis sechs Zweitligaspiele, in der Folgesaison trägt er mit drei Einsätzen zum lang ersehnten Aufstieg der SpVgg Greuther Fürth in die Bundesliga bei. Dort bringt er es auf acht Einsätze und genau einen Treffer: das Goldene Tor im Bundesliga-Derby. Derbytor, das ihn bundesweit bekannt macht.

Der Derbysieg nützt den Greuthern nichts, sie steigen als Tabellenletzter sang- und klanglos ab. Geis wechselt für eine Ablöse von rund 900.000 Euro zum FSV Mainz 05 und entwickelt sich schnell zum Stammspieler. Für eine geschätzte Ablöse von 10 Millionen Euro sichert sich Schalke 04 zu Saisonbeginn 2015/2016 die Dienste des U21-Nationalspielers.

„Wir sind sehr froh, dass sich einer der begehrtesten jungen Spieler für unseren Club entschieden hat", sagt Schalke-Manager Horst Heldt über den Neuzugang, der in der abgelaufenen Saison in sämtlichen Pflichtspielen für die Mainzer zum Einsatz kam. „Johannes verfügt über enorme Qualitäten: Seine gefährlichen Standards, sein präzises Pass-Spiel und sein Blick für die freien Mitspieler machen ihn im zentralen defensiven Mittelfeld bereits jetzt zu einem der besten Profis auf dieser Position in der Bundesliga."

Eine furiose Entwicklung – mit dem Derby-Treffer als Katalysator.

Ab 2014, Würzburg
„Das Wunder von Bernd"

In fünf Jahren von der sechstklassigen Landesliga in die zweite Bundesliga – das klingt nach einem großen Fußballmärchen. Bei den Würzburger Kickers ist das Märchen wahr geworden, und das wird hauptsächlich Bernd Hollerbach zugeschrieben – einem Mann, der einst aus Würzburg loszog, um in der Champions League zu kicken und dann wieder zurückkehrt, um in der Heimat etwas Großes aufzubauen.

Hollerbach wird 1969 als Sohn eines Metzgers in Rimpar geboren, einer Marktgemeinde vor den Toren Würzburgs. Schon von klein auf hilft er im elterlichen Betrieb mit. In Heimatkunde lernt er die Meisterwerke von Tilman Riemenschneider in der zur Marktgemeinde gehörenden Klosterkirche

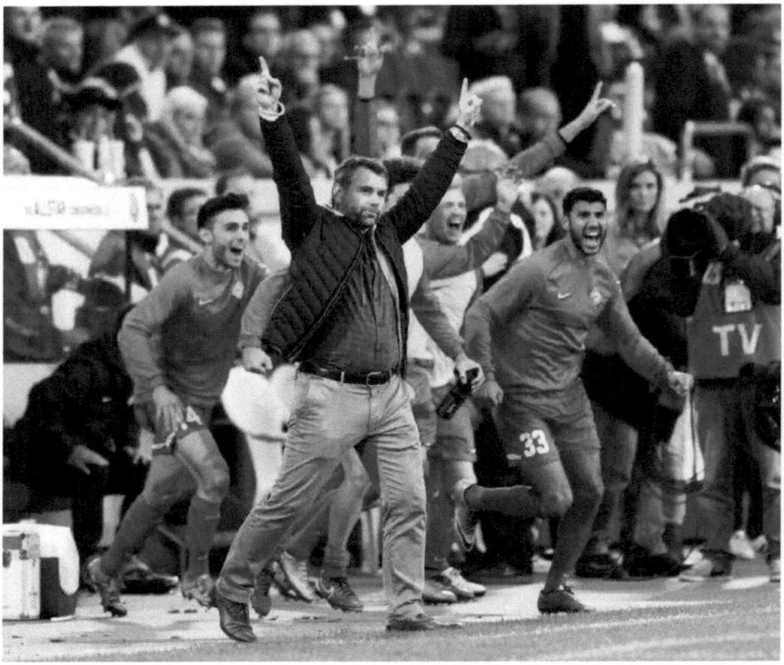

Jubel nach dem Relegationsspiel des FC Würzburger Kickers gegen MSV Duisburg (2016). Neben Trainer Bernd Hollerbach (Mitte) rechts Soriano, der Schütze zum 1:1.

Maidbronn kennen und weiß bald, dass das mächtige Schloss Grumbach zu den ältesten noch erhaltenen Wasserschlössern Deutschlands zählt. Das Fußballspielen beginnt er beim ASV Rimpar, wo sein Talent als zweikampf- und laufstarker Spieler bald den Spähern anderer Vereine auffällt.

Ab 1988 spielt er für die Würzburger Kickers und ist bereits einer der Leistungsträger, als der Verein zwei Jahre später in die Bayernliga aufsteigt. Als er in der nächsten Winterpause zum FC St. Pauli in die Fußball-Bundesliga wechselt, ist er schon 22 Jahre alt. Er hat inzwischen seine Metzgerlehre gemacht, schließlich sollte er einmal den florierenden Familienbetrieb übernehmen, dann kam auch noch die Bundeswehr dazwischen.

Dass er in St. Pauli landet, ist eher ein Zufall. Hollerbach ist häufig im Maisel-Keller in Bamberg, dem heutigen Fässla-Keller, zu Gast. Der wird damals von Bubi Blum, einem Fußballverrückten und Landesliga-Trainer, betrieben. Blum kennt den damaligen St. Pauli-Manager Herbert Liedtke bestens und vermittelt Hollerbach in den hohen Norden. Der Kicker aus Rimpar absolviert am Kiez ein Probetraining und überzeugt Pauli-Trainer Helmut Schulte umgehend. „Du bleibst sofort hier", soll der gesagt haben, also wechselt Hollerbach noch in der

Winterpause 1991 zum FC St. Pauli in die erste Liga. An sein Debüt bei den Profis erinnert sich Hollerbach noch genau: „Das erste Spiel war gegen Bayern München, und wir gewannen 1:0. Das war eine Sensation. Auch für mich: Im Münchener Olympiastadion, und ich durfte gleich von Anfang an spielen. Das Spiel war für alle Beteiligten ein ziemliches Highlight." Hollerbach rackerte und lief unermüdlich: „Nach 70 Minuten wurde ich schließlich ausgewechselt, mit einem Krampf vom kleinen Zeh bis zum Ohrläppchen."

Der sensationelle Sieg lässt viele seiner Mannschaftskameraden von Höherem träumen und vernebelt den Sinn für das Machbare. Am Ende der Saison steigt St. Pauli ab. Hollerbach aber bleibt beim Verein, er will das „wieder in Ordnung bringen", außerdem hat er sich längst in die Stadt verliebt. „Hamburg ist für mich immer noch die schönste Stadt Deutschlands."

In der Saison 1994/95 schafft er dann mit dem FC St. Pauli den Aufstieg in die Bundesliga,. Jetzt kann er weiterziehen, die nächste Station heißt 1. FC Kaiserslautern. Dort wird er jedoch nicht heimisch, bleibt nur ein halbes Jahr und wechselt zum Hamburger SV. Uwe Seeler, damals Präsident beim HSV, und Trainer Felix Magath wollen ihn unbedingt. Als Ex-St. Paulianer beim HSV zu spielen, ist für Hollerbach zunächst nicht ganz einfach. Aus den einstigen „Ho-Ho-Hollerbach"-Gesängen am Millerntor werden nicht selten „Ho-Ho-Hochverrat"-Schmährufe, doch er genießt die volle Unterstützung von Seeler und vor allem von Magath.

Mit dem HSV spielt Hollerbach bis 2004 in der Bundesliga, gewinnt 2003 den Ligapokal und kickt in der Champions League. 197 Spiele und vier Tore in der Bundesliga lautet seine Bilanz. Er ist nicht der große Star, der stets Gefahr läuft, abzuheben, und auch nicht der Sprücheklopfer oder Schicki-Micki-Typ. Er ist der ehrliche, harte Arbeiter, der schon einmal die Sau herauslässt, dann aber gleich wieder diszipliniert zur Sache geht.

Hollerbach bleibt am Boden, das verdankt er unter anderem seiner Metzgerlehre: „Im ersten Lehrjahr habe ich 200 Mark verdient im Monat. Das war eine wichtige Erfahrung, denn ich wusste, wie schwer es mitunter sein kann, 100 Mark zu verdienen. Die Zeit hat mich insofern geerdet, und ich habe nie vergessen, wo ich hergekommen bin. Ich habe dort Werte vermittelt bekommen, die mir im Haifischbecken der Fußballprofis geholfen haben."

Im Profifußball erspielt er sich einen Ruf als harter Linksverteidiger. Seinen unrühmlichen Spitznamen „Holleraxt" verdankt er den insgesamt 136 Gelben Karten, die er in der ersten und zweiten Liga erhält, in der Regel mehr als zehn pro Saison. „Ich war ein Gerechtigkeitsfanatiker, wenn ich mich ungerecht behandelt fühlte, bin ich auch mal schnell explodiert. Zudem bin ich leider kein guter Verlierer", sagt Hollerbach Jahre später.

„An mir kommt entweder der Ball oder der Gegner vorbei, aber nie beide", soll er einmal gesagt haben. Inzwischen findet er den Satz nicht mehr ganz so lustig. 2004 muss er seine Karriere als Spieler wegen einer langwierigen

Sprunggelenksverletzung beenden und übernimmt einen Trainerjob zunächst beim VfL 93 in Hamburg, dann beim VfB Lübeck. Im Juni 2007 macht ihn Felix Magath zu seinem Assistenten. Am Ende der Saison 2008/09 wird Hollerbach als Co-Trainer des VfL Wolfsburg Deutscher Meister.

An der Seite von Magath wechselt er als Co zum FC Schalke 04. Nach Magaths Entlassung kehrt er mit dem Meistertrainer noch einmal nach Wolfsburg zurück. Im Oktober 2012 verlässt Hollerbach, nachdem Magath gefeuert wurde, den VfL Wolfsburg auf eigenen Wunsch, folgt aber seinem Mentor nicht zum FC Fulsham. Hollerbach will Cheftrainer werden.

Wie gut, dass er zu dieser Zeit wieder vermehrt in Würzburg weilt. Bei den Kickers hat längst der Zahnarzt Dr. Michael Schlagbauer das Ruder übernommen, mit dem Hollerbach schon in der Jugend kickte. Die Zeiten, in der die Kickers sich mit dem Lokalrivalen, dem Würzburger FV Derbys wahlweise in der Bayern- oder Regionalliga liefern, sind damit vorbei. Schlagbauer manövriert die Kickers am Konkurs vorbei. Zusammen mit Thorsten Fischer, der einst Anzeigen für ein Würzburger Stadtmagazin verkaufte, etabliert er die Kickers in der Regionalliga. Fischer ist der Mäzen des Vereins und er kann sich das auch leisten: Seit 2002 mischt er die Druckbranche mit seinem Startup-Unternehmen „Flyeralarm“ restlos auf. Heute gehört ihm Europas größte Online-Druckerei mit Stammsitz in Würzburg. Sie ist in Europa in 15 Ländern präsent, hat 2.000 Mitarbeiter und einen Jahresumsatz von über 300 Millionen Euro und. Längst heißt das Kickers-Stadion „Flyeralarm Arena“, und Fischer ist Aufsichtsratsvorsitzender der Profi-Abteilung.

Als Fischer und Schlagbauer 2014 zum großen Sprung ansetzen, holen sie Bernd Hollerbach als Trainer und Manager in Personalunion. Dem Magazin für Fußballkultur „11 Freunde“ erzählt Hollerbach, wie er Kickers-Trainer wurde: „Die Kickers sind mein Verein, hier habe ich ganz am Anfang gespielt, und ich habe dem Klub viel zu verdanken. Deshalb habe ich den Kontakt immer gehalten. Mit Michael Schlagbauer habe ich früher in der Jugend gespielt, er ist jetzt Vorstandsvorsitzender der Kickers. Er hat mir immer von den ehrgeizigen Zielen erzählt: dass sie Regionalliga spielen, dass sie jetzt angreifen wollen. Zu der Zeit hatte ich keinen Trainerjob und war wieder viel in Würzburg. Ich habe später noch Thorsten Fischer kennengelernt, und wir haben ein paar schöne Abende zusammen verbracht. Irgendwann meinten die zwei Jungs, dass sie mich als Trainer bräuchten, wenn es weiter vorwärts gehen soll. Dann haben wir geredet und die Voraussetzungen geschaffen – eine AG gegründet, ein passendes Trainingsgelände und so weiter.“

Schlagbauer und Fischer haben da das „Projekt 3x3“ schon ausgerufen. In drei Jahren wollen sie von der Regionalliga in die Dritte Liga. Der Plan geht gründlich daneben, denn der Aufstieg gelingt bereits im ersten Jahr. Flugs ruft man das Projekt „3 x 2 – Würzburg kann mehr“ ins Leben. In drei Jahren will man jetzt in die Zweite Liga. Auch dieser Plan geht daneben, denn der Aufstieg gelingt erneut schon im ersten Jahr. „Zwei Aufstiege im Schweinsgalopp, ohne lang rumzuwursteln“, übt sich „11 Freunde“ in Anspielungen auf Hollerbachs Metzgerberuf.

Würzburgs ehrenamtlicher Bürgermeister Adolf Bauer bezeichnet den Erfolg bei der großen Feier zum Aufstieg der Kickers in die Zweite Bundesliga als „das Wunder von Bernd“. Das Wortspiel stammt vom Münchner Autoren Volker Keidel. In seinem Buch „Das Wunder von Bernd – Geschichten von der Ersatzbank“ berichtet er, was er mit Bernd Hollerbach erlebte, als sie gemeinsam in der C-Jugend des ASV Rimpar kickten. Denn damals konnte dieser „einfach mal den Ball aus 40 Metern reinschießen“ – für die C-Jugendkicker auf jeden Fall ein kleines Wunder.

Mit dem neuen Trikotsponsor, dem Würzburger Modekonzern s.Oliver auf der Brust, sorgen die Kickers in der zweiten Liga für Furore, und die Macher verhehlen nicht, dass für sie das Wunder noch nicht zu Ende ist. „Mein Ziel ist es, wieder einmal da zu trainieren, wo ich auch selbst gespielt habe, in der ersten Liga“, gibt Hollerbach zu. Mäzen Thorsten Fischer erzählt im Bayerischen Fernsehen von seiner Vision, dass die Kickers irgendwann die Nummer eins in Franken werden.

Hollerbach wähnt sich dorthin schon auf einem „sehr, sehr guten Weg“. Seine Motivation, die Kickers weiter voranzubringen, liegt in seiner Herkunft: „Ich habe dem Verein den Sprung in den Profifußball zu verdanken. Deswegen bin ich froh, der Region jetzt etwas zurückgeben zu können. Ich bin ein dankbarer Mensch.“ Auch für die alteingesessene Metzgerei Hollerbach, die mittlerweile im Landkreis Würzburg fünf Filialen hat, lohnt sich das „Wunder von Bernd“ längst: Bei den Heimspielen der Kickers am Dallenberg kommen die wohlschmeckenden Stadionwürste selbstverständlich aus dem Hause Hollerbach.

2016/17
Drei auf einen Streich

Erstmalig spielten drei fränkische Vereine in der Zweiten Bundesliga. Die Ausgangslage hätte jedoch nicht unterschiedlicher sein können. Die SpVgg Greuther Fürther war als Neunter der Vorsaison im wahrsten Sinne des Wortes Mittelmaß. Der 1. FC Nürnberg war knapp in der Relegation gescheitert, verlor mit Niklas Füllkrug jedoch seinen zweitbesten Stürmer und stand zwei Wochen vor Saisonbeginn sogar auch ohne Trainer da: René Weiler erfüllte seinen Vertrag nicht, sondern zog zum RSC Anderlecht nach Belgien, sollte dort sein Meisterstück machen. Der Club kaufte seinerseits Alois Schwartz aus dessen laufenden Vertrag als Coach des SV Sandhausen. Aus wenig viel gemacht zu haben, ließ Schwartz in den Augen der verantwortlichen des 1. FCN zum Hoffnungsträger für den finanziell klammen Club werden.

Und der Dritte im Bund? In fünf Jahren von der sechstklassigen Landesliga in die zweite Bundesliga – das hatten die Würzburger Kickers geschafft. Sie zogen mit Erfolgstrainer Bernd Hollerbach zuversichtlich in die Zweitliga-Premierensaison. Der Metzgersohn liebäugelte schon mit einem Durchmarsch in die erste Liga. Und Mäzen Thorsten Fischer trieb gar die Vision um, dass die Kickers irgendwann die Nummer eins in Franken werden könnten.

Nach fünf Spieltagen waren die Würzburger tatsächlich die Nummer eins in Franken und fast die Nummer eins in der Zweiten Bundesliga. Man rangierte auf dem zweiten Platz, und die Liga rieb sich verwundert die Augen, wie frech die Kickers im eigenen Stadion, aber auch auf fremden Plätzen auftraten. Eine weitere Überraschung war der Club – aber eine negative. Am sechsten Spieltag nach der 1:2-Heimniederlage im Derby gegen die SpVgg Greuther Fürth hatte der 1. FCN die rote Laterne inne. Schon ein 1:6 in Braunschweig am dritten Spieltag hatte am Valznerweiher für Alarmstimmung gesorgt.

Zufrieden mit dem Derbysieg grüßten dagegen die Fürther unter Trainer Stefan Ruthenbeck aus dem gesicherten Mittelfeld, obwohl sie einen Spieltag zuvor beim anderen Franken-Derby gegen die Würzburger Kickers im heimischen Ronhof sang- und klanglos mit 0:3 die Segel streichen mussten. Wie so oft gerieten die Fürther nach einem Derbysieg über die Nachbarstadt in eine Krise: Am 13. Spieltag war man bis auf auf Rang 13 abgerutscht. Das bedeutete das Aus für Coach Ruthenbeck. Der Trainer der A-Jugend Janos Radoki, der von 1996 bis 1999 selbst für die SpVgg Greuther Fürther gespielt hatte, übernahm fortan die erste Mannschaft.

Auch beim Club wurde bereits über den Trainer diskutiert, obwohl die Elf von Alois Schwartz insbesondere dank Torjäger Guido Burgstaller, der aus allen Lagen traf, stetig nach oben kletterte. Zur Saisonhälfte lag der Club mit 25 Punkten auf Rang neun, und Burgstaller führte die Torjägerliste der Zweiten Liga mit 14 Toren an.

Die Würzburger Kickers schauten zur Saison-Halbzeit von oben auf die beiden fränkischen Kollegen herab: Sie selbst waren Sechster mit 27 Punkten, Fürth rangierte vier Punkte hinter dem Club auf Rang 12.

In der Winterpause ließ der Club seinen Austria-Torjäger Burgstaller für schlappe 1,5 Millionen Euro zu Schalke 04 ziehen. Man riskierte damit eine deutliche Verschlechterung des Kaders und minimierte die sowieso schon sehr geringen Chancen auf einen Aufstieg. Die Fans waren erzürnt, und Burgstaller traf nun für Schalke, insgesamt neunmal in 17 Spielen. Nach einem blutleeren Auftritt im Derby am 23. Spieltag, das der Club auch in Fürth mit 0:1 verlor, musste Trainer Schwartz gehen.

U21-Trainer Michael Köllner sollte es nun richten. Der Oberpfälzer baute nach und nach junge Talente wie Cedric Teuchert Abdelhamid Sabiri, Dennis Lippert, Patrick Kammerbauer, Lukas Mühl und Eduard Löwen ein. Während Köllner zumeist „gute Spiele“ sah, spielte seine wegen Verletzunen immer

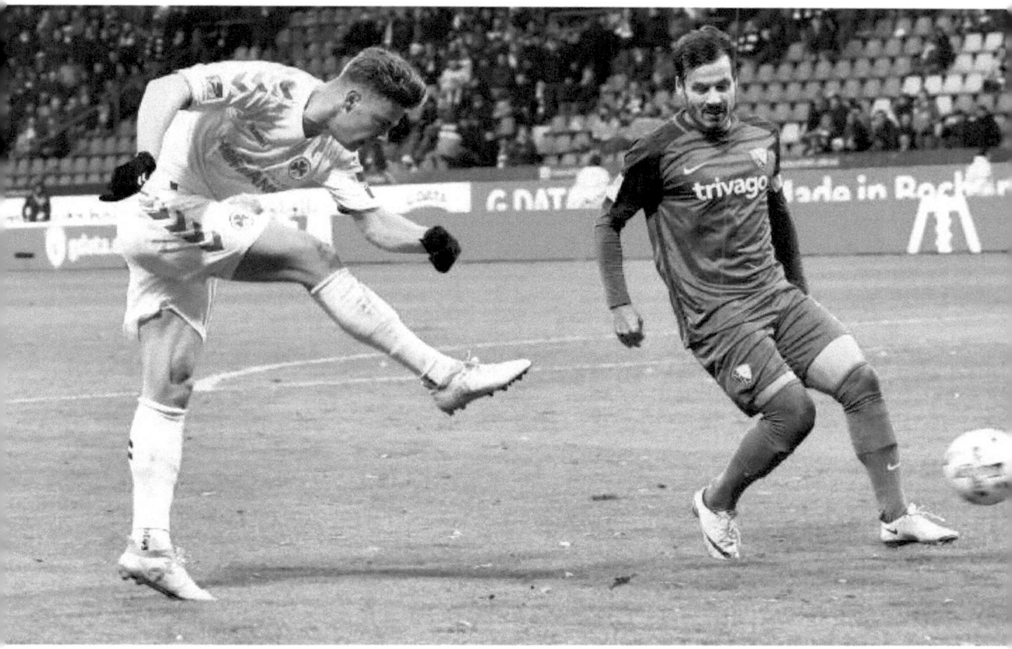

Aus dem Spiel VfL Bochum gegen Greuther Fürth: Daniel Steininger (Fürth, links) gegen Stefano Celozzi (Bochum) am 18.11.2017.

wieder umgebaute Truppe wenig konstant: mal wie ein Aufsteiger gegen Braunschweig und Stuttgart, mal wie ein Absteiger gegen St. Pauli, KSC oder Fortuna Düsseldorf. Am Ende legte der Club die schlechteste Saison seit 21 Jahren hin und landet mit nur 42 Zählern auf Rang 12. Mit 16 Niederlagen ging fast die Hälfte aller Spiele verloren. 24 Punkte trennten den 1. FCN zum Relegationsplatz 3 nach oben, nur sechs Punkte zur Relegation nach unten. Trotzdem verlängerte man vorzeitig den Vertrag mit Trainer Michael Köllner.

In der Nachbarstadt Fürth hatte Radocki das Team stabilisiert. Am Ende landeten die Kleeblättler mit 45 Punkten auf Rang acht. Ein historischer Erfolg: Sage und schreibe 64 Jahre war es her, dass die Fürther in einer Abschlusstabelle vor dem Club landen konnten. 1953 in der Oberliga Süd war dies zuletzt der Fall gewesen: Fürth war damals Dritter, der Club Achter.

Der 1. FCN hätte diese historische Blamage auch noch verhindern können: Vor dem letzten Spieltag war man drei Punkte hinter Fürth gelegen. Bei einer Niederlage von Fürth zu Hause gegen Union Berlin und einem Sieg beim abstiegsbedrohten 1. FC Kaiserslautern wäre der Club an der Nachbarstadt vorbei gezogen. Fürth tat dem Club sogar den Gefallen und verlor 1:2, doch auch der Club zog nach einem ganz schwachen Auftritt auf dem Betzenberg gegen ebenfalls schwache Lauterer mit 0:1 den Kürzeren. Zumindest eines blieb dem Club erspart: der Gang in die Dritte Liga. Den mussten nach der guten Vorrunde sehr überraschend, die Kickers aus Würzburg antreten. Sie gewannen in der Rückrunde kein einziges Spiel mehr und holten aus 17 Begegnungen nur noch sieben Punkte, darunter jeweils einen Punkt aus den fränkischen Derbys zu Hause gegen Fürth (1:1) und zu Hause gegen den 1. FC Nürnberg (1:1).

Aus drei fränkischen Zweitligisten waren damit wieder zwei geworden. Für viele Club-Fans war aber ein anderer Traum wahr geworden: Das Stadion heißt für die nächsten drei Jahre Max-Morlock-Stadion. Die Crowdfunding-Kampagne der Consors Bank hatte zwar das Ziel von 800.000 Euro bei weitem verfehlt, am Ende kamen nur 330.000 Euro zusammen. „Diese großartige Leistung hat uns sehr beeindruckt. Aus diesem Grund haben wir beschlossen, die Summe aufzustocken und das Crowdfunding damit erfolgreich abzuschließen", erklärte Kai Friedrich, Chef der Consorsbank. „Gemeinsam haben wir das Ziel erreicht, für das sich die Fans und Menschen in der Region seit Jahren eingesetzt haben. Das ist eine tolle Hommage an die Vereins- und Stadtlegende Max Morlock." Damit zahlten die Bank 2,87 Millionen Euro und die Fans 330.000 Euro und sicherten sich die Namensrechte für drei Jahre. Bekannt gegeben wurde diese Entscheidung beim letzten Heimspiel (passend zum 1. FCN mit einer 1:2-Niederlage gegen Fortuna Düsseldorf), gleichzeitig dem Abschiedsspiel vom Raphael Schäfer, der insgesamt 15 Jahre das Club-Tor hütete.

Und die anderen fränkischen Vereine? Bester fränkischer Verein in der Regionalliga Bayern war der 1. FCN II auf Rang sieben, Schweinfurt 05 landete zwei Plätze dahinter. Die SpVgg Bayreuth wurde Zwölfter, und die SpVgg Greuther Fürth II beendete die Saison auf Rang 16, knapp vor dem SV Seligenporten, der mit Schlusslicht Bayern Hof eine Klasse tiefer in die Bayernliga Nord absteigen musste.

Abbildungsnachweis

Club-Archiv: 8, 11, 12, 19, 21, 24, 31, 41,63
PUMA-Archiv: 87, 88, 89
Archiv Schmidtpeter/Fengler: 54, 56, 61, 64, 66
Herbert Liedel: 73, 75, 76, 78, 79, 80, 82, 83, 85, 92, 95, 97, 99, 101, 103, 105, 106, 109, 113, 115, 118, 119, 123
Imago: 126, 131
Privat: 10, 15, 16, 18, 28, 33, 43, 46, 50, 59

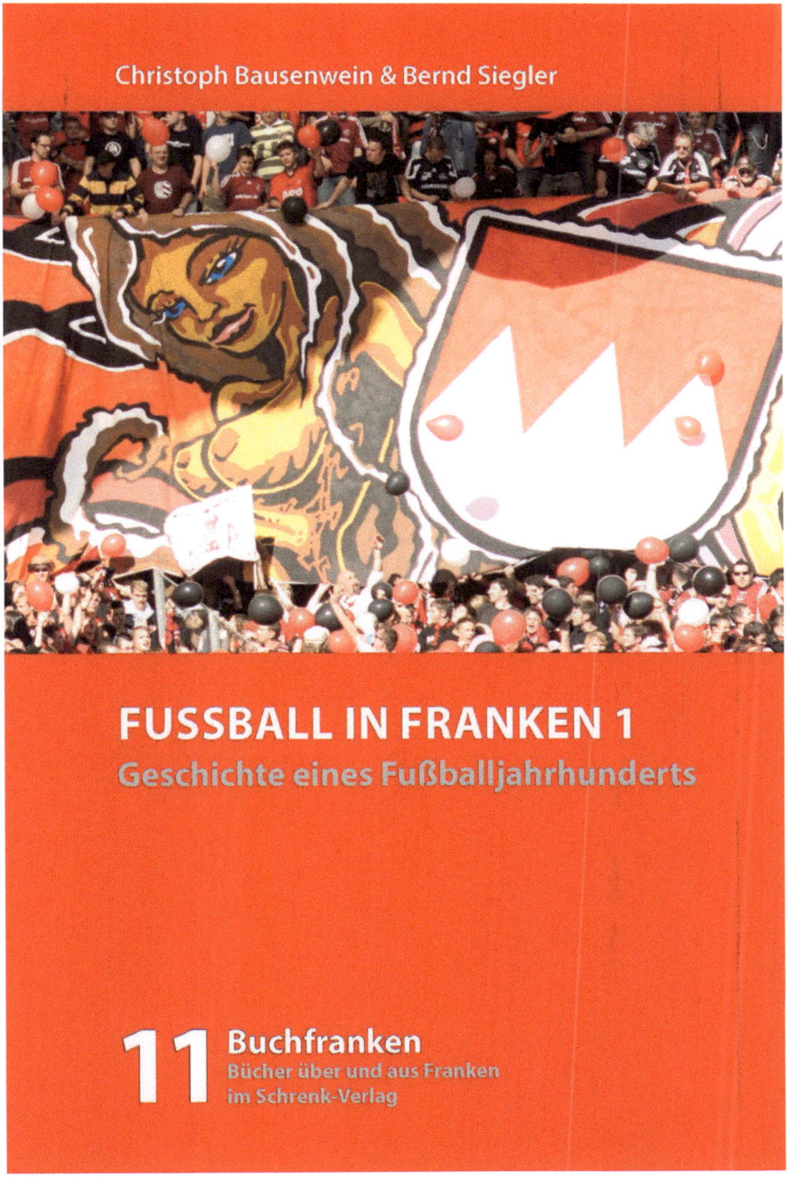

Fußball in Franken als Doppelpack: Während im Band „Fußball in Franken 2“ die Geschichten zum Fußballjahrhundert in Franken versammelt sind, gibt der Band „Fußball in Franken 1“ (ISBN 978-3-924270-91-9) einen chronologischen Überblick über die Vereine, die Spiele und die Spieler in Franken, von 1888 bis heute.

MIX
Papier aus verantwortungsvollen Quellen
Paper from responsible sources
FSC® C105338
www.fsc.org